Verhandlungen, Mitteilungen
und
Berichte
des
Centralverbandes Deutscher Industrieller.

Nr. 100.

Herausgegeben
vom
Geschäftsführer H. A. Bueck, Berlin W., Karlsbad 4a.
Telephon: Nr. 2527, Amt VI.

Mai 1905.

Berlin 1905.
J. Guttentag, Verlagsbuchhandlung,
G. m. b. H.

Sitzung des Ausschusses
und
Versammlung der Delegierten
des
Centralverbandes Deutscher Industrieller
am
5. Mai 1905 zu Berlin.

Die Satzung
des
Centralverbandes Deutscher Industrieller.

Die Mitglieder
des
Direktoriums und des Ausschusses
am 6. Mai 1905.

Gesamtregister des Inhalts der Hefte 1–100 (1876–1905)
der Verhandlungen, Mitteilungen und Berichte.

Inhaltsverzeichnis.

—

—

Den Mitgliedern wird hiermit das Heft

Nr. 100

der „Verhandlungen, Mitteilungen und Berichte" des Centralverbandes Deutscher Industrieller übergeben. Es enthält das Protokoll über die am 5. Mai d. J. abgehaltene Sitzung des Ausschusses und, nach der stenographischen Aufnahme, die Verhandlungen der Delegiertenversammlung, die an demselben Tage stattfand. Außerdem bringt dieses Heft ein Verzeichnis des Inhalts sämtlicher hundert Hefte.

Nach der am 15. Februar 1876 erfolgten Begründung des Centralverbandes erschien das erste Heft seiner „Verhandlungen, Mitteilungen und Berichte" am 31. Oktober desselben Jahres. Seitdem sind bald 29 Jahre verflossen, ein Zeitabschnitt von höchster Bedeutung nicht allein in der Geschichte des Deutschen Reiches; denn nach den großen politischen Ereignissen des Jahres 1866 und der ersten siebziger Jahre des vergangenen Jahrhunderts, hat sich in jenem Zeitabschnitt eine Entwickelung und eine Aenderung der Verhältnisse auf allen Gebieten der wirtschaftlichen und sozialen Beziehungen und in allen Ländern der Erde, besonders in den alten Kulturstaaten, vollzogen, die einzig in der Weltgeschichte dasteht.

Von allen irgend nennenswerten Vorgängen auf diesen Gebieten geben die hundert Hefte, wesentlich an der Hand der Arbeiten des Centralverbandes, ein anschauliches treues Bild. Die ersten Jahre waren erfüllt von dem Kampfe gegen den zur Herrschaft gelangten radikalen Freihandel und für die Rückkehr zu einem, die nationale Arbeit maßvoll schützenden Wirtschaftssystem. In den Heften ist der vom Centralverband aufgestellte Entwurf zu einem autonomen Zolltarif zu finden. Er ist maßgebend gewesen für den deutschen Zolltarif vom Jahre 1879. Alle Zeit hat sich der Centralverband auf diesen Entwurf berufen können, wenn es galt, die immer wiederkehrende Behauptung seiner Gegner zurückzuweisen, daß er von hochschutzzöllnerischen, das Gemeinwohl schädigenden Bestrebungen geleitet werde.

Aber bis zum heutigen Tage hat der Kampf gegen den, freilich unendlich geschwächten Freihandel, der auch seine Ziele wesentlich zurückgesteckt hat, nicht aufgehört. Damals galt es zunächst das Erreichte gegen den unermüdlich anstürmenden Freihandel zu verteidigen, später und auch zuletzt seinen Einfluß bei den Vorbereitungen zu den Handelsverträgen und bei dem Abschluß derselben zurückzudrängen und das Interesse der deutschen Industrie zu wahren. Ueber alles, was sich auf diesem Gebiete in der Oeffentlichkeit und besonders in der Gesetzgebung vollzogen hat, über die gleichartigen Vorgänge in den anderen Ländern und über die Beziehungen zu diesen geben die Hefte des Centralverbandes Auskunft, nicht nur über die Tatsachen, sondern auch über die Stimmungen, die maßgebend für die kommenden Ereignisse waren.

In noch größerem Umfange als durch die handelspolitischen Fragen, ist die Arbeit des Centralverbandes durch die sozialpolitischen Verhältnisse in Anspruch genommen worden.

Als Erzeugnis der modernen wirtschaftlichen Entwickelung hatte sich um die Wende zum vorigen Jahrhundert auch in Deutschland die Bildung einer besonderen Klasse von Arbeitern, die der Fabrikarbeiter, zu vollziehen begonnen. Das berechtigte Klassenbewußtsein und das ebenso berechtigte, auf die Besserung ihrer Lebensbedingungen gerichtete Streben artete dann, ganz besonders in Deutschland, aus in die staats- und gesellschaftsfeindliche sozialdemokratische Bewegung. Sie schwoll an und wurde ein machtvoller Faktor in der deutschen Gesetzgebung durch die Einführung des allgemeinen Wahlrechts; denn durch dieses gewann die Sozialdemokratie Einfluß auf eine große Anzahl derer, von denen die Behandlung öffentlicher Angelegenheiten besonders im Deutschen Reichstage als Beruf betrachtet wurde. Mit diesen Elementen hat der Centralverband einen jahrzehntelangen Kampf geführt.

Im Centralverbande war eine aufrichtige, warme Fürsorge für die Arbeiter verkörpert. Das konnte wohl auch nicht anders sein bei Arbeitgebern, die den außerordentlichen Fortschritt der deutschen Industrie bewirkt und damit ein untrügliches Zeugnis für den hohen Stand ihrer Intelligenz, ihrer Kenntnisse und ihrer allgemeinen Bildung abgelegt hatten. Daher begrüßte der Centralverband freudig die großzügigen Pläne, die der große Kaiser mit seinem treuen Berater, dem ersten Kanzler des Deutschen Reiches, für die Hebung des Wohles der arbeitenden Klassen entworfen hatte.

Der Centralverband hat in unablässiger, ernster, mühevoller Arbeit zu den wirkungsvollsten Befürwortern und Förderern jener Pläne, sowohl auf dem Gebiete der Arbeiterversicherung, wie des Arbeiterschutzes gehört. Die Wahrheit dieser Behauptung aktenmäßig und unanzweifelbar zu erweisen, ist die Aufgabe, die ich mir für die beiden demnächst erscheinenden Bände meiner Geschichte des Centralverbandes — den 2. und 3. Band — gestellt habe.

Was aber der Kaiser und die Verbündeten Regierungen zum Wohle der Arbeiter erstrebten und was die im Centralverbande vereinigten Industriellen warmherzig stützten und förderten, das genügte der Sozialdemokratie und den ihr bewußt oder unbewußt nahestehenden bürgerlichen Sozialpolitikern nicht. Die Aufrechterhaltung einer wirkungsvollen Agitation, besonders rücksichtlich der Wahlen, verlangte fortgesetzt eine Erweiterung der Forderungen, die unvereinbar nicht nur mit den Lebensbedingungen für die Industrie, sondern mit den allgemeinen Interessen war.

Mit seinen Arbeiten für die Sozialpolitik des Kaisers, mit seinem ernsten Streben, die betreffenden Gesetze dem allgemeinen Interesse entsprechend auszugestalten, hat der Centralverband den Kampf mit der Sozialdemokratie und ihren Helfern aufnehmen und unausgesetzt bis auf den heutigen Tag fortführen müssen. Er hat ihn auch führen müssen gegen die Verbündeten Regierungen, als deren Widerstandskraft erlahmte und das Einlenken in die Bahnen der übereifrigen und agitatorischen Sozialpolitiker begann.

Die ganze sozialpolitische Gesetzgebung, der von den Parteien um sie geführte Kampf, die mit Bezug auf sie geleisteten umfassenden und mühevollen Arbeiten, die tatsächlichen und die voraussichtlichen Folgen dieser Gesetze, alles das ist eingehend in den Heften des Centralverbandes dargestellt. Und mehr als das. Hinsichtlich der handelspolitischen, wirtschaftlichen und sozialen Interessen unseres Vaterlandes, auch in seinen Beziehungen zum Auslande, hat sich wohl kaum ein Vorgang vollzogen, der nicht in den Verhandlungen des Centralverbandes oder in den erstatteten Berichten aufklärende Erwähnung gefunden hat, die in allen Fällen auch in die Hefte übergegangen ist.

Vielfach finden sich Aeußerungen in der Presse, die sich mit der Frage beschäftigen, ob und welche Bedeutung dem Centralverbande beizulegen sei; meistens wird ihm in der gegnerischen Presse jede Bedeutung abgesprochen. Mir scheint in dem Umstande, daß diese Frage seit den 29 Jahren des Bestehens des Centralverbandes fortlaufend erörtert wird und in dem unablässigen Bestreben, den Centralverband herabzusetzen und als bedeutungslos hinzustellen der Beweis zu liegen, daß er seinen Platz im industriellen und wirtschaftlichen, überhaupt im öffentlichen Leben unseres Vaterlandes ausgefüllt hat.

Ob und welche Bedeutung er gehabt hat und welchen Einfluß er auch jetzt noch auf die Gestaltung der Verhältnisse ausübt, die mit den Lebensinteressen der deutschen Industrie in den engsten Beziehungen stehen, darüber wird dereinst der Geschichtsschreiber urteilen, dem die Hefte des Centralverbandes ein reiches Material zur Beurteilung der Zeitverhältnisse bieten.

Die Mitglieder des Centralverbandes aber bitte ich dieses hundertste Heft freundlich entgegen zu nehmen, als ein Zeichen treuer ernster Erfüllung der von den Organen des Centralverbandes im Interesse der deutschen Industrie übernommenen Pflichten und auch als Mahnung, weiter fest zusammen zu halten. Denn nur der feste Zusammenschluß der Industrie kann sie vor den immer stärker andrängenden, ihr feindlichen Elementen und Richtungen schützen.

H. A. Bueck.

Sitzung des Ausschusses
des
Centralverbandes Deutscher Industrieller,
abgehalten am
5. Mai 1905, vormittags 10 Uhr zu Berlin, im Hotel Kaiserhof.

Der Vorsitzende, Hüttenbesitzer **R. Vopelius**-Sulzbach, eröffnete die Sitzung mit begrüßenden Worten an die Erschienenen und erteilte zunächst dem Geschäftsführer das Wort zur Mitteilung über das Ergebnis der Rechnungsrevision.

Die Revisoren, die Herren Baurat Max Krause, Fabrikbesitzer van den Wyngaert und Generaldirektor Werminghoff, haben die Rechnung geprüft, für richtig befunden und dem Geschäftsführer gemäß § 14 der Satzung für die Rechnung des Jahres 1904 Entlastung erteilt.

Auf Vorschlag des Direktoriums beschließt der Ausschuß die Zuwahl folgender Herren:

Kommerzienrat M. Bocker-Remscheid,
Fabrikbesitzer Evers-Berlin,
Direktor Ernst Heller-Linden-Hannover,
Direktor Hurler-München,
Fabrikbesitzer Albert March-Charlottenburg,
Direktor Schaltenbrandt-Düsseldorf,
Generaldirektor Schiersand-Chemnitz,
Kommerzienrat E. Weißmüller-Frankfurt a. M.,
Direktor Wenzel-Leipzig.

In der Vorberatung der Tagesordnung für die Versammlung der Delegierten wurde zunächst über die Vorschläge beschlossen, die der Delegiertenversammlung für die Wahlen in das Direktorium und den Ausschuß gemacht werden sollten und dann in eine eingehende Erörterung insbesondere des der Delegiertenversammlung vorzulegenden Beschlußantrages, der sich mit dem Bergarbeiterstreik beschäftigt, eingetreten. Der Ausschuß beschloß einstimmig, den ihm vorgelegten Beschlußantrag der Delegiertenversammlung zur Annahme zu empfehlen.

Versammlung der Delegierten
des
Centralverbandes Deutscher Industrieller
am
5. Mai 1905, vormittags 11 1/2 Uhr zu Berlin, Hotel Kaiserhof.

Vorsitzender Hüttenbesitzer **R. Vopelius**-Sulzbach, Mitglied des Herrenhauses: Meine Herren, indem ich Sie begrüße, eröffne ich die Sitzung.

Wir treten sofort in die Tagesordnung ein:

Geschäftliche Angelegenheiten.

> Abänderung des § 16 der Satzung des Centralverbandes dahin, daß die Anzahl der Mitglieder des Direktoriums bis auf 12 erhöht werden kann.

Meine Herren, in der Sitzung des Ausschusses vom 11. April v. Js. hat derselbe beschlossen, diesen Antrag bei der Delegiertenversammlung einzubringen. Bis jetzt besteht das Direktorium aus 9 Mitgliedern; es hat sich jedoch die Notwendigkeit herausgestellt, daß einzelne Industriebranchen, bezw. einzelne Landesteile des Deutschen Reiches auch noch eine Vertretung in dem Direktorium bekommen müssen, und daraus ist dieser Antrag hervorgegangen.

Meine Herren, ich stelle den Antrag zur Diskussion — — schließe dieselbe und darf annehmen, daß Sie dem Antrage des Ausschusses gemäß die Zahl der Mitglieder des Direktoriums von 9 bis auf 12 erhöhen wollen.

In der Annahme, daß Sie dem Ausschußvorschlage **folgen** werden, hat das Direktorium auf die Tagesordnung gesetzt

Wahl von Mitgliedern in das Direktorium.

Meine Herren, der Ausschuß schlägt Ihnen vor, in das Direktorium zu wählen

Herrn Landrat Roetger, Vorsitzenden des Direktoriums von Fried. Krupp, Aktiengesellschaft in Essen,

Herrn Kommerzienrat Stahl in Stettin,

Herrn Geheimen Kommerzienrat Vogel in Chemnitz.

Das sind die drei Herren, welche also, entsprechend den veränderten Satzungen, in Vorschlag gebracht werden.

Meine Herren, ich frage, ob jemand gegen diese Vorschläge etwas einzuwenden hat? — — Das ist nicht der Fall. Ich konstatiere die Wahl der drei Herren.

Herr Generaldirektor Geheimer Bergrat Junghann ist bislang Mitglied des Direktoriums gewesen. Er ist aus seiner Stellung ausgeschieden und hat erklärt, daß er damit auch aus dem Direktorium austreten wolle. Der Ausschuß schlägt Ihnen nun vor, an seiner Stelle seinen Amtsnachfolger, Herrn Geheimen Bergrat Hilger, jetzigen Vorsitzenden der Königs- und Laurahütte, zu wählen.

Meine Herren, gegen diesen Vorschlag erhebt sich kein Widerspruch. Ich darf annehmen, daß Sie auch diese Wahl betätigen.

Ich darf wohl die Herren, soweit sie anwesend sind, fragen, ob sie die Wahl annehmen.

Herr Landrat Roetger?

Landrat **Roetger**-Essen: Ich nehme die Wahl dankend an.

Vorsitzender: Herr Geheimrat Vogel ist nicht hier. — Herr Kommerzienrat Stahl?

Kommerzienrat **Stahl**-Stettin: Ich nehme die Wahl an.

Vorsitzender: Herr Geheimrat Hilger?

Geheimer Bergrat **Hilger**-Berlin: Ich nehme die Wahl dankend an.

Vorsitzender: Die drei Herren darf ich nun begrüßen als Mitglieder des Direktoriums und darf sie bitten, hier an diesem Tische Platz zu nehmen.

Meine Herren, wir kommen zu

Wahl von Mitgliedern und deren Stellvertretern in den Ausschuß.

Meine Herren, das Direktorium beziehungsweise der Ausschuß schlägt Ihnen nur eine Wahl vor. Durch die Wahl des Herrn Landrat

Roetger ist eine Stelle im Ausschuß frei geworden, und der Ausschuß schlägt Ihnen vor, Herrn Generaldirektor Williger in Kattowitz in den Ausschuß aufzunehmen. Derselbe war bis jetzt Stellvertreter und soll jetzt wirkliches Mitglied werden.

Meine Herren, ein Widerspruch gegen diese Wahl findet nicht statt. Herr Generaldirektor Williger ist als ordentliches Mitglied gewählt.

Meine Herren, ich darf Ihnen noch folgende Mitteilung machen. Der Ausschuß hat folgende Mitglieder kooptiert: Herrn Direktor Schaltenbrand vom Stahlwerkverband Düsseldorf, Herrn Ziegeleibesitzer Evers, Vorsitzenden des Verbandes Deutscher Tonindustriellen in Berlin, Herrn Fabrikbesitzer Albert March, Vorsitzenden des Deutschen Vereins für Ton-, Zement- und Kalkindustrie in Charlottenburg, Herrn Kommerzienrat E. Weismüller in Frankfurt a. M.-Bockenheim, stellvertretenden Vorsitzenden der süddeutschen Gruppe des Vereins deutscher Eisen- und Stahlindustrieller, Herrn Generaldirektor Schiersand in Chemnitz, Vorsitzenden der mitteldeutschen Gruppe des Vereins Deutscher Eisen- und Stahlindustrieller, Herrn Kommerzienrat M. Böker in Remscheid, Vorsitzenden des Bergischen Fabrikantenvereins, Herrn Direktor Ernst Heller in Linden-Hannover von der Hannoverschen Maschinenbau-Aktiengesellschaft vorm. Georg Egestorff, Herrn Kommerzienrat Wenzel von der Kammgarnspinnerei in Leipzig, als Vertreter des Vereins der Wollkämmer und Kammgarnspinner, Herrn Direktor Hurler von der Lokomotivfabrik Kraus & Co. in München.

Ich wollte nicht verfehlen, Sie davon in Kenntnis zu setzen.

Meine Herren, dann kommen wir zum zweiten Punkt der Tagesordnung:

Bericht des Geschäftsführers.

Ich bitte Herrn Generalsekretär Bueck, denselben zu erstatten.

Generalsekretär **Bueck**-Berlin: Meine Herren, mein Bericht hat sich zu erstrecken auf den Zeitraum von Abhaltung der letzten Delegiertenversammlung am 12. April v. Js. Der Zeitraum ist reich an Ereignissen von höchster Bedeutung, nicht nur für die Industrie, sondern weit darüber hinaus für unsere ganzen wirtschaftlichen und sozialen Verhältnisse, für unser gesamtes Staatsleben, ja bedeutungsvoll für den Bestand und die Machtstellung des Deutschen Reiches in der Gruppe der großen Weltmächte, der anderen großen Kulturstaaten der Erde.

Meine Herren, das erste dieser großen Ereignisse ist der Abschluß der neuen Handelsverträge. Ueber diese Handelsverträge ist unendlich viel gesprochen und geschrieben worden. Mir ist aber der

Auftrag vom Direktorium erteilt worden, heute im allgemeinen über diese Handelsverträge zu berichten, und der Umstand, daß Ihnen mehr oder weniger alle Beziehungen des wirtschaftlichen Lebens zu diesen Handelsverträgen vertraut und geläufig sind, kann mich von der Aufgabe nicht entbinden, so peinlich es auch ist, über Sachen sprechen zu müssen, die Ihnen allen bekannt sind.

Meine Herren, die neuen Handelsverträge stellen sich dar als eine Fortsetzung des von dem Reichskanzler Caprivi im Jahre 1891 begonnenen und im Jahre 1894 beendeten Handelsvertragswerkes, der sogenannten mitteleuropäischen Handelsverträge. Sie stellen sich dar als Zusatzverträge zu den alten Handelsverträgen, die nur unwesentlich verändert worden sind.

Meine Herren, der Freihandel hatte Deutschland der Fähigkeit beraubt, Handelsverträge abzuschließen. Die in den 70er Jahren gemachten Versuche, es zu tun, mußten scheitern und sind gescheitert. Die Umkehr der Wirtschaftspolitik führte zu dem autonomen Tarif von 1879 und zu einer autonomen Handelspolitik auf der Grundlage von Meistbegünstigungsverträgen mit den anderen Staaten. Diese autonome Handelspolitik war für Deutschland außerordentlich vorteilhaft, denn sie setzte unser Vaterland in den Genuß aller der Begünstigungen, die die anderen Staaten sich gegenseitig durch den Abschluß von Handelsverträgen gewährten. Diesen Vorzug, den Deutschland genoß, wollte Frankreich in der damaligen Stimmung gegen Deutschland nicht länger ertragen. Durch den Frankfurter Frieden an die Gewährung der Meistbegünstigung an Deutschland gebunden und in der Erkenntnis, dieses Band gewaltsam nicht zerreißen zu können, strebte Frankreich dahin, es wenigstens tatsächlich dadurch abzuschütteln, daß es sich überhaupt von allen Meistbegünstigungsverträgen lossagte. Frankreich kündigte daher im Jahre 1891 auf das Jahr 1892 seine sämtlichen Handelsverträge. Dadurch wurde die künftige handelspolitische Lage unklar und unübersichtlich. Es wurde daher das kommende Jahr 1892 sehr richtig von den damaligen Zeitgenossen als das handelspolitische Kometenjahr bezeichnet.

Ganz besonders unsicher und erschüttert mußte die handelspolitische Lage des vertragslosen und künftig auch der Vorteile seiner autonomen Handelspolitik beraubten Deutschen Reiches erscheinen. Dazu kam, daß die großen, selbständige Wirtschaftsgebiete bildenden Staaten mehr und mehr das Bestreben zeigten, sich, da sie sich unter Umständen selbst genügen konnten, handelspolitisch von der Außenwelt abzuschließen. Dadurch mußten weite Gebiete des Weltverkehres auch für Deutschland ausscheiden.

Alle diese Verhältnisse wurden von dem Reichskanzler Caprivi mit einem Scharfblick, der seines großen Vorgängers würdig war, erkannt. Er schuf das System der mitteleuropäischen Handelsverträge, und ich darf wohl behaupten, daß auf Grund dieser Handelsverträge sich das Wirtschaftsleben des Deutschen Reiches zu einer vordem nie geahnten Höhe und Großartigkeit entwickelt hat.

Der wegen seines großen Werkes später viel geschmähte und angegriffene Mann hatte, damals wenigstens, die Anerkennung seines kaiserlichen Herrn gefunden. Der Kaiser mit seinem merkwürdigen Scharfblick, ich möchte fast sagen mit der instinktiven Erkenntnis dessen, was nötig und geboten ist — meine Herren, wie anders würde es auf manchen bedeutenden Gebieten unseres wirtschaftlichen und sozialen Lebens bei uns aussehen, besser aussehen, wenn der Wille dieses merkwürdigen scharfsichtigen Herrschers und das, was er für recht und notwendig erkannt hat, in die Gesetzgebung hätte übertragen werden können — — ich sage, dieser Kaiser mit seinem Scharfblick hatte auch die Bedeutung des Caprivi'schen Werkes erkannt. Auf dem denkwürdigen Festmahl im Ständehause des Kreises Teltow hatte er es als eine rettende Tat bezeichnet, als einen Mark- und Denkstein in der Entwickelung des Deutschen Reiches, eine Tat, die Millionen dereinst segnen würden.

An diese Handelsverträge knüpfen, wie ich mir bereits erlaubt habe zu bemerken, die neuen Verträge an. Sie erscheinen in der Form von Zusatzverträgen. Die Verhandlungen sind vom Deutschen Reich mit Bezug auf die Zusatzverträge hauptsächlich in der Absicht geführt worden, die Bestimmungen der einzelnen Verträge untereinander, mehr als es bisher der Fall war, in Uebereinstimmung zu bringen, ungewisse, zweifelhafte Bestimmungen durch korrekte Fassungen zu ersetzen und auf vielen Gebieten des Verkehrs Erleichterungen zu schaffen und Beschwerden abzuhelfen, die bisher noch bestanden haben.

Meine Herren, ich werde mir erlauben, in Bezug auf diese Bemerkungen einige Einzelheiten Ihnen mitzuteilen, da es ja doch meine Aufgabe ist, hier gewissermaßen informatorisch über den Inhalt der Handelsverträge zu berichten.

So sind z. B. Vereinbarungen über die Ein-, Aus- und Durchfuhr in gleichlautender Fassung in den Verträgen mit Belgien, der Schweiz, Italien, Rumänien und Serbien geschaffen worden. Damit sollen bessere rechtliche Unterlagen als in der bisherigen Praxis gegeben werden, einerseits, um Deutschland gegen willkürliche Maßregeln seitens anderer Staaten, soweit es sich eben um Ein-, Durch- und

Ausfuhrverbote handelt, zu schützen, andererseits Deutschland wieder in gewissen Beziehungen freie Hand zu lassen.

Eine höchst erfreuliche und sehr bedeutungsvolle Neuerung, die, mit Ausnahme des mit Rußland abgeschlossenen Vertrages, in alle Verträge Aufnahme gefunden hat, ist die Einsetzung eines Schiedsgerichts. Die Klausel lautet:

„Wenn zwischen den vertragschließenden Teilen über die Auslegung und Anwendung der Tarife des gegenwärtigen Vertrages und der Zusatzbestimmungen zu diesen Tarifen oder über die Anwendung der Meistbegünstigungsklausel hinsichtlich der tatsächlichen Handhabung der sonst in Kraft befindlichen Vertragstarife eine Meinungsverschiedenheit besteht, so soll sie auf Verlangen des einen oder des anderen Teiles durch Schiedsspruch erledigt werden."

Eine Erweiterung dieser Befugnisse des Schiedsgerichts wurde abgelehnt, aber die Möglichkeit doch gegeben in der folgenden Bestimmung:

„Eintretenden Falles und vorbehaltlich besonderer Verständigung werden die vertragschließenden Teile auch andere, als die in Absatz 1 bezeichneten Meinungsverschiedenheiten über die Auslegung oder Anwendung des gegenwärtigen Vertrages zum schiedsgerichtlichen Austrag bringen."

Meine Herren, die Bildung des Schiedsgerichts soll in der Weise erfolgen, daß beide Teile zwei geeignete Staatsangehörige ernennen und beide sich verständigen über den Obmann, der einer anderen, dritten, befreundeten Nation oder einem anderen Staate angehören muß. Außerdem ist aber festgesetzt:

„Die beiden Teile behalten sich vor, sich im voraus und für einen bestimmten Zeitraum über die Person des im gegebenen Falle zu ernennenden Obmannes zu verständigen,"

so daß dieser also für längere Zeit als gewählt betrachtet werden kann.

Meine Herren, diese Maßregel ist besonders bedeutungsvoll für Deutschland, welches hauptsächlich Industrieerzeugnisse in großer Mannigfaltigkeit ausführt, die eben infolge ihrer Mannigfaltigkeit der zweifelhaften Auslegung und Anwendung der Tarife viel mehr ausgesetzt sind, als die Erzeugnisse eines Landes, die nicht so mannigfaltig sind und die in einfacheren Artikeln, wie beispielsweise landwirtschaftlichen Produkten, bestehen. Für Deutschland ist diese Abmachung jedenfalls eine außerordentliche Begünstigung und ein großer Vorteil.

Meine Herren, in dem Verkehr mit Rußland ist das Fehlen eines amtlichen Warenverzeichnisses auf russischer Seite von den Exporteuren stets außerordentlich unangenehm empfunden worden. Rußland hat sich zwar auch jetzt außer stande erklärt, ein amtliches Warenverzeichnis in unserem Sinne aufzustellen, es hat sich aber verpflichtet, innerhalb eines Jahres nach Inkrafttreten der neuen Handelsverträge eine systematische Sammlung der zahlreichen, die Auslegung des Tarifs betreffenden Zirkulare des russischen Zolldepartements und der Entscheidungen des dirigierenden Senats, sowie ein alphabetisches Verzeichnis der Waren herauszugeben, die in den russischen Tarifen und in den erwähnten Zirkularen und Entscheidungen vorgekommen sind. Das wird jedenfalls schon eine sehr wesentliche Erleichterung sein.

Meine Herren, Rußland hat dann die unterschiedliche Behandlung der Einfuhr, ob sie über die Landgrenze oder über die Wassergrenze erfolgt, bis auf ganz kleine, unbedeutende Ausnahmen aufgehoben. In dieser unterschiedlichen Behandlung lag bisher namentlich eine Begünstigung der Einfuhr aus England, Frankreich und den Vereinigten Staaten.

Eine große Beschwerde bestand bei unseren in Rußland Handeltreibenden über die Behandlung der deutschen Handlungsreisenden, namentlich über die willkürliche Art der sehr hohen Besteuerung. In dieser Beziehung sind die Steuersätze ermäßigt und vertragsmäßig festgestellt, so daß eine willkürliche Behandlung künftig ausgeschlossen ist. Dann werden künftig die Handlungsreisenden mosaischer Religion ebenso behandelt werden, wie die christlichen Handlungsreisenden; ein Unterschied nach der Religion darf künftig nicht mehr gemacht werden.

Endlich, meine Herren, ist es von sehr großer Wichtigkeit, daß durch ergänzende Bestimmungen über die Meistbegünstigung eine Vereinbarung auch dahin getroffen ist, daß Verkehrserschwerungen oder Verkehrsverbote von der russischen Regierung nicht mit Rücksicht auf die Bekämpfung von Prämien erlassen werden dürfen. Das ist besonders wichtig für Industrieerzeugnisse, die durch Kartelle oder sonstige private Vereinigungen irgendwelche Begünstigung für den Export erfahren. Wenn Sie sich entsinnen wollen, meine Herren, so hat der frühere Finanzminister Witte, der auch heute noch eine sehr hohe und einflußreiche Stellung im russischen Staatsleben einnimmt, diese Frage einmal außerordentlich scharf ins Auge gefaßt und nach der Richtung hin behandelt, daß Rußland sich gegen solche Importe, die mit Prämien begünstigt sind, unter jeden Umständen wehren müsse. Die Gefahr einer solchen Bestimmung ist also in Zukunft ausgeschlossen.

Meine Herren, die Importeure nach Italien werden wissen, daß die italienischen Zollbehörden besonders geneigt sind, Zollschwierigkeiten zu machen, um bei der Abfertigung die ihrer Ansicht nach für den Fiskus besseren Zollsätze anzuwenden. Nun ist, meine Herren, das sehr bedeutende Zugeständnis gemacht worden, daß Zollstreitigkeiten auf diplomatischem Wege noch weiter sollen verfolgt werden können, auch wenn die dazu berufenen italienischen Behörden in letzter Instanz schon ihre Entscheidung getroffen haben. Außerdem hat sich Italien verpflichtet, sobald als tunlich Vorkehrungen zu treffen, daß die Importeure — oder von unserer Seite die Exporteure — sich authentische Auskunft von behördlicher Seite über die Tarifierung eines oder des anderen betreffenden Gegenstandes einholen können.

Dasselbe Zugeständnis hat auch Rumänien gemacht.

Meine Herren, die vertragstarifarischen Vergünstigungen sind jetzt zu gewähren allen Erzeugnissen, die aus dem freien Verkehr des anderen vertragschließenden Teiles über unsere Grenzen gingen, ohne Rücksicht auf den Ursprung. Das ist jetzt geändert worden. Diese Vergünstigungen des Vertragstarifes sind nur zu gewähren den Boden- und Gewerbeerzeugnissen des betreffenden Landes. Damit ist für Deutschland freie Hand gegeben, die Erzeugnisse eines dritten Landes, welche über das Gebiet des Vertragsstaates eingehen, unterschiedlich zu behandeln. Das ist von höchster Bedeutung für die noch bevorstehende Regelung unserer handelspolitischen Verhältnisse mit den anderen Staaten, mit denen keine Vertragstarife abgeschlossen sind.

Meine Herren, sehr ausreichende Fürsorge ist getroffen worden, daß in keinem Staate die inländischen Waren günstiger von den Verkehrsanstalten behandelt werden dürfen, als die des anderen Landes.

Dann sind eine Reihe veralteter Zollabfertigungsbestimmungen, die namentlich in anderen Ländern und ganz vorzugsweise in Oesterreich bestanden, — auch über die Art der Schiffsabfertigung und dergl. — durch moderne, korrekte und erleichternde Bestimmungen ersetzt worden.

Die Schweiz hat das bedeutende Zugeständnis gemacht, in Zukunft einen ausgiebigeren Patentschutz einzuführen. Bekanntermaßen hat unsere große chemische Industrie unter dem Mangel des Patentschutzes in der Schweiz außerordentlich gelitten. Dem ist also abgeholfen worden, und ich kann mitteilen, daß die Schweiz schon jetzt in durchaus loyaler Weise damit beschäftigt ist, ihre Verpflichtung in dieser Beziehung zu erfüllen.

Meine Herren, ich kann nicht alle Einzelheiten der ganzen Verträge hier hervorheben, ich glaube aber, was ich in dieser Beziehung gesagt habe, genügt, um meinen Ausspruch zu erhärten, daß die Verbündeten Regierungen mit bestem Willen und nicht ohne Erfolge bestrebt gewesen sind, in diesen Zusatzverträgen erleichternde Bestimmungen für unsern Verkehr zu schaffen und alten Klagen abzuhelfen.

Meine Herren, leider kann ich dieses günstige Urteil über die Tätigkeit der Verbündeten Regierungen in Bezug auf den zweiten Teil des Handelsvertragswerkes, in Bezug auf die Vertragstarife, nicht aussprechen. Soweit sich diese Tarife auf die Industrie beziehen, sind sie so höchst ungünstig ausgefallen, daß die Beteiligten fast allgemein und in seltener Uebereinstimmung eine schwere Beeinträchtigung und Schädigung ihres Verkehrs mit den Vertragsstaaten befürchten.

Meine Herren, ich habe hier eine Reihe Aeußerungen, die dies erhärten, von durchaus kompetenter Seite, von dem großen wirtschaftlichen Verein in Düsseldorf, von der nordwestlichen Gruppe des Vereins Deutscher Eisen- und Stahlindustrieller, von dem Verein der märkischen Kleineisenindustrie, Urteile, die in der offiziösen Zeitung der Textilindustrie, der „Zeitschrift für die Textilindustrie", für die Leinenindustrie, für die Wollenindustrie abgegeben werden, aus der Zeitschrift des Vereins der chemischen Industrie, aus der Papierindustrie u. s. w. Meine Herren, ich unterlasse es, diese Sachen hier zu verlesen, da mir die Zeit heute so schon sehr knapp wird. Ich kann umsomehr darauf verzichten, da auf einen Beschluß des Direktoriums eine Reihe berufenster Vertreter unserer großen Industrien die Güte gehabt hat, es zu übernehmen, in kurzen Zügen die vermutlichen Wirkungen der neuen Vertragstarife auf ihre Industrien hier darzustellen. Ich kann mich also darauf beschränken, das Gesamturteil dessen, was mir entgegengetreten ist, dahin zusammenzufassen, daß die Vertragstarife für unsere Industrie in sehr großem Umfange ungünstig ausgefallen sind.

Was sind die Ursachen dieser ungünstigen Wendung unserer Zoll- und Handelspolitik für die Industrie?

Meine Herren, vor Jahren hat der Herr Staatssekretär des Innern bereits angekündigt, daß die neuen Verträge nicht eine Abschrift der alten Verträge sein sollten, und seitdem, während der ganzen Vorbereitungszeit, hat es nicht an Aussprüchen unserer höchsten, maßgebenden Staatsmänner gefehlt, welche ihre unbedingte Absicht zu erkennen gaben, der Landwirtschaft einen höheren Schutz zu gewähren. Es wurde geradezu ausgesprochen: Die neuen Handelsverträge sollten agrarisch werden.

Nun, meine Herren, sie sind es im vollen Sinne des Wortes geworden! Nach dem Abschluß der Handelsverträge hat es nicht an

Aeußerungen der höchsten Staatsmänner gefehlt, die ihrer größten Befriedigung darüber Ausdruck gegeben haben, daß es ihnen gelungen ist, so bedeutende Vorteile für die Landwirtschaft zu erzielen. Dabei ist freilich der Industrie in außerordentlich schmeichelhafter Weise gedacht worden. Eine gewisse Benachteiligung ihrer Interessen durch die Handelsverträge ist nicht in Abrede gestellt worden. Es wurde ihr aber gesagt, sie nehme einen so außerordentlich hohen Standpunkt ein, sie habe über derartig vorzügliche und ausgezeichnete technische Kräfte zu verfügen, daß mit Sicherheit anzunehmen sei, sie werde nicht nur in der Lage sein, ihre hohe Stellung zu behaupten, sondern auch weiter wie bisher Fortschritte zu machen.

Meine Herren, immer, wenn der Centralverband sich mit Handelspolitik und Zollfragen zu beschäftigen hatte, hat er in allen seinen Verhandlungen und Beschlüssen die Rücksicht auf das Gemeinwohl als oberstes Gesetz, als Grenze des Zulässigen, vorangestellt. Meine Herren, von diesem Gesichtspunkt aus und in diesen Grenzen ist der Centralverband auch für einen der Landwirtschaft zu gewährenden höheren Schutz eingetreten. Aber, meine Herren, die bezeichnete Grenze ist von der Regierung nicht eingehalten worden; sie ist dadurch überschritten worden, daß die Regierung, in Verfolgung ihrer agrarischen Ziele, nicht nur die Interessen der Industrie in weitem Maße, sondern auch die Interessen weiter anderer Volkskreise geopfert hat.

Meine Herren, ich muß bei der Stellung des Centralverbandes zu der ganzen Handelsvertragsfrage verweilen, da von den ihm gegnerisch gesinnten industriellen Vereinen und von der freihändlerischen Presse seiner Haltung die Schuld an dem für die Industrie so ungünstigen Ausfall der Handelsverträge zugeschrieben wird.

Die Caprivi'schen Handelsverträge haben, vielleicht bis auf ganz vereinzelte Ausnahmen, bei den Mitgliedern des Centralverbandes diejenige Anerkennung gefunden, der ich hier bereits Ausdruck gegeben habe. Aber, meine Herren, die Herabsetzung der Getreidezölle von 5 auf $3^{1}/_{2}$ M. bei dem Abschluß des Handelsvertrages mit Oesterreich-Ungarn — und dadurch allgemein — ist von dem Centralverband stets als ein großer Fehler betrachtet worden. Daher hatte der Centralverband damals sofort in sehr ernster Weise erklärt, daß die Industrie keine Vorteile auf Kosten der Landwirtschaft erstrebe. Die Erklärung war dem Centralverbande damals von der Regierung sehr übel vermerkt worden, bis es mir gelang, in einer persönlichen Unterredung dem Herrn Reichskanzler die Beweggründe des Centralverbandes und die Bedeutung jener Erklärung darzulegen. Von da ab hat sich das Verhältnis zwischen dem Herrn Reichskanzler und dem Centralverbande sehr befriedigend und freundlich gestaltet.

Meine Herren! Die Herabsetzung der Getreidezölle war ein Fehler, weil die ganze Art der Verkündigung dieser Maßregel und des Vollzuges derselben es ausschließen mußte, dieses außerordentlich große Zugeständnis in entsprechender Weise dahin zu verwerten, daß die anderen Staaten zu ähnlichen Zugeständnissen verpflichtet würden. Daß dieses große Zugeständnis in dieser Weise nicht verwertet werden konnte, dafür hatten auch unsere mit so weitem Blick ausgestatteten freihändlerischen Parlamentarier gesorgt, die stürmisch bei jeder Gelegenheit die Abschaffung sämtlicher Getreidezölle verlangt hatten. Es war daher den Gegenparteien ein Leichtes, unsere Regierung, wenn sie mit der Ermäßigung der Getreidezölle andere Zugeständnisse erkaufen wollte, darauf zu verweisen, daß sie nur tue, was sie durch den Reichstag gezwungen werde zu tun. In handelspolitischer Beziehung ist also mit jenem Zugeständnis nichts erreicht worden. Die Herabsetzung war ein Fehler, weil sie die Landwirtschaft tatsächlich schädigte, diese daher in die Gegnerschaft gegen die Handelsvertragspolitik und die Industrie und zu einer Agitation zur Wahrung ihrer vermeintlichen Interessen drängte, die, weit über die berechtigten Ziele hinausgehend, der Regierung die Verfolgung einer dem Gemeinwohl entsprechenden Handelspolitik erschwerte.

Meine Herren, der Centralverband hat es, wie ich bereits bemerkte, im Interesse des Gemeinwohles für notwendig erachtet, der Landwirtschaft bei dem Abschluß der neuen Handelsverträge wiederzugeben, was ihr damals genommen war, und damit den früheren Zoll für Brotfrüchte wieder zu gewähren. Denn, meine Herren, der Centralverband hat stets anerkannt, daß es im allgemeinen Interesse und namentlich im Interesse des deutschen Gewerbestandes liegt, die landwirtschaftliche Bevölkerung, die heute noch, wenn auch nicht ganz, so doch beinahe die Hälfte der Bevölkerung des Deutschen Reiches bildet, verbrauchs- und kaufkräftig zu erhalten. Meine Herren, dabei ist der Centralverband weiter von der Ueberzeugung geleitet worden, daß bei der außerordentlichen Entwickelung der Verkehrsverhältnisse die Landwirtschaft in den alten Kulturstaaten dadurch außerordentlich geschädigt wird, daß das am billigsten produzierende Land, welches Brotgetreide an den Weltmarkt abzugeben hat, auch bestimmend für den Weltmarktpreis ist. Das sind die überseeischen Staaten mit ihren ungemessenen Flächen höchst fruchtbaren, jungfräulichen Bodens, auf denen Brotgetreide, namentlich Weizen, mit den geringsten Produktionskosten in großen Massen hervorgebracht wird.

Meine Herren, der Centralverband hat weiter erkannt — ich sage das alles, um seine Handelspolitik zu begründen —, **daß ganz andere Verhältnisse mannigfacher Art viel mehr bestimmend auf den Preis der Brotfrüchte einwirken, als die jeweilige Höhe der Zölle.** Meine Herren, darüber habe ich mich ausgesprochen in der Delegiertenversammlung vom 5. Februar 1901, und ich möchte Sie um die Erlaubnis bitten, einige Sätze aus meinem damaligen Referat verlesen zu dürfen, die gerade das, was ich eben gesagt habe, erhärten. Da habe ich gesagt: „Meine Herren, in der zollfreien Zeit in den 70er Jahren schwankte der Preis des Roggens von 198 M. pro Tonne im Jahre 1874 und 143 M. im Jahre 1878. Dann wurde 1879 der Zoll von 1 M. pro 100 kg eingeführt. 1879 war der Durchschnittspreis für Roggen 144 M., von da ab ging der Preis in rapider Steigerung in die Höhe bis auf den ungewöhnlich hohen Satz von 202 M. im Jahre 1881."

„Meine Herren, welche Rolle kann dabei wohl der Zoll von 1 M. pro 100 kg gespielt haben?"

„Im Jahre 1882 fiel der Roggenpreis auf 161, im Jahre 1883 auf 147, im Jahre 1885 auf 143 M. Nunmehr wurde der Zoll auf 3 M. erhöht, aber, meine Herren, der Roggen fällt trotz dieser Erhöhung weiter bis auf 125 M. im Jahre 1887. Da wurde der Zoll auf 5 M., also um weitere 2 M., erhöht. Nun, meine Herren, glauben Sie, daß diese Zollerhöhung von 2 M. es wirklich zu Wege gebracht hat, daß nun wieder eine solche enorme Steigerung des Roggenpreises eintrat, daß er im Jahre 1891 den exorbitanten Teuerungspreis von 208 M. erreichte? Meine Herren, in dem Jahre wurde der Zoll auf 3,50 M. herabgesetzt infolge des Handelsvertrages mit Oesterreich. Meine Herren, glauben Sie wirklich, daß diese Ermäßigung des Zolles um 15 Groschen bestimmend dafür gewesen ist, daß bis zum Jahre 1894 der Preis von 208 M. ebenso rapide zurückging und den die Landwirtschaft ruinierenden Stand von 118 M. erreichte?"

„Ich glaube, meine Herren, diese Beispiele genügen, um meine Behauptung zu erhärten, daß ganz andere wichtige bedeutende Faktoren den Preis des Brotgetreides bestimmen, wie beispielsweise der Ausfall der Ernte, d. h. der Ernte auf der ganzen Erde, das Abnehmen oder Anstauen der sichtbaren Vorräte, die Bewegung der Frachten, namentlich der Schiffsfrachten, die Spekulationen auf die Aussichten der nächsten Ernte und dergleichen mehr. Alles das, meine Herren, sind Momente, die hier mitsprechen. Der Zoll spielt in diesen Beziehungen eine durchaus untergeordnete Rolle."

Meine Herren, der Centralverband hat es nie bestritten, daß der Inlandpreis des Brotgetreides, wenn auch nicht ganz und zwingend, aber doch in der Hauptsache um den Betrag des Zolles erhöht wird, aber er weiß ebensogut, daß diese Erhöhung viel weniger bemerkbar wird in dem Preis des Mehles, und daß die Einwirkung des Zolles fast gänzlich verschwindet bei dem Preise des Brotes — ich meine die Erhöhung des Zolles oder der Wegfall des Zolles. Der Preis des Brotes wird sehr wenig durch das Schwanken der Getreidepreise und somit auch durch die jeweilige Höhe des Zolles beeinflußt. Daher hat sich der Centralverband mit der Erhöhung des Zolles für Brotgetreide auf 5 M. und schließlich mit den Mindestsätzen des Zolltarifs, die für Weizen noch eine weitere Erhöhung von 50 Pfg. gebracht haben, einverstanden erklärt.

Ein weiteres hat der Centralverband niemals konzediert. Für weiteres in Bezug auf die Erhöhung sonstiger Zölle für die Landwirtschaft hat er sich niemals verpflichtet.

Meine Herren, der Centralverband war sich auch vollständig bewußt, daß durch sein Eintreten für eine Erhöhung des Zolles auf Brotfrüchte gewisse Schwierigkeiten bei dem Abschluß von Handelsverträgen entstehen könnten, namentlich mit Rußland. Denn Rußland ist bei seinem bedeutenden Ueberschuß an Brotfrüchten hauptsächlich auf den Absatz an die deutschen Konsumenten angewiesen. Aber, meine Herren, diese Erschwernisse konnten nicht so groß sein, da es sich doch in der Hauptsache um die Wiederherstellung eines gewissermaßen temporär aufgehobenen Zolles handelte, und sie würden in der Tat bei der eigentümlichen Lage, in der sich Rußland befand, nicht so groß gewesen sein — denn Sie wissen, daß diese Lage sehr günstig für uns gewesen ist, in Bezug auf den Abschluß des Handelsvertrages —, wenn nicht andere Sachen dazwischengetreten wären.

Meine Herren, gar keine Schwierigkeiten durch die Erhöhung der Getreidezölle waren von Oesterreich zu erwarten, denn Oesterreich hat kein Interesse mehr an niedrigen Getreidezöllen in Deutschland. Oesterreich hat keinen Ueberschuß an Brotgetreide, sondern im Gegenteil, es hat einen größeren Bedarf als Deutschland. Deutschland braucht, je nach dem Ausfall der Ernte verschieden, im Durchschnitt ungefähr 16 Millionen Doppelzentner Brotfrüchte im Jahr, Oesterreich bei einer nur halb so großen Bevölkerungszahl braucht ungefähr 15 Millionen Doppelzentner, ein Bedarf, der regelmäßig von Ungarn gedeckt wird. Und weil Ungarn, meine Herren, in der anderen Reichshälfte einen so bedeutenden und sicheren Abnehmer hat, so durfte der Centralverband wohl annehmen, daß bezüglich der Erhöhung des Zolles auf Brotfrüchte allein große Schwierigkeiten oder überhaupt Schwierigkeiten bei den Verhandlungen mit Oesterreich nicht erwachsen würden.

Die Erhöhung des Zolles für Weizen und Roggen auf den früheren Stand ist daher nicht der Grund und die Ursache des ungünstigen Ausfalls der Handelsverträge für die Industrie gewesen, sondern den Grund und die Ursache dieses ungünstigen Ausfalls erblicke ich in den weiteren großen Begünstigungen, die der Landwirtschaft eingeräumt sind, namentlich durch die wesentliche Erhöhung der Zölle für Vieh und Fleisch, der Zölle für Gerste, Mais, Malz, Hopfen und für sonstige Erzeugnisse des Acker- und Gartenbaues. Meine Herren, da sind die Interessen Oesterreichs freilich bezüglich der Ausfuhr seiner animalischen Produkte und seiner Gerste, des einzigen Getreides, das Oesterreich in nennenswertem Maße ausführt, erheblich beteiligt. Aber auch das wäre noch allein nicht maßgebend gewesen, wenn nicht die scharfen Bestimmungen bezüglich der Grenzsperre und der Seuchenkonvention hinzugekommen wären.

In Bezug auf die Begünstigung der Landwirtschaft will ich den Ausführungen des Herrn Ministers für die landwirtschaftlichen Angelegenheiten folgen, die er in der landwirtschaftlichen Woche vor dem Preußischen Landes-Oekonomie-Kollegium gemacht hat.

Meine Herren, der Herr Minister rühmte zunächst, daß die Minimalzölle voll erreicht sind. Diese Darstellung des Herrn Ministers ist nicht ganz korrekt gewesen. Denn in Bezug auf die Gerste ist über die Minimalzölle hinausgegangen. Es hat eine Teilung der Gerste stattgefunden in Braugerste und „andere Gerste", und für die Braugerste ist der Minimaltarif erhöht worden auf 4 M., für andere Gerste freilich — und das soll den Anschein eines Ausgleichs geben — ermäßigt auf 2 M. Wegen dieser Ermäßigung auf 2 M. ist die Regierung von agrarischen Kreisen stark angegriffen worden. Aber mit vollem Recht hat der Herr Minister der landwirtschaftlichen Angelegenheiten vor dem Landes-Oekonomie-Kollegium darauf hingewiesen, daß die „andere Gerste" nur zu 2 M. eingeführt werden könne, wenn sie die betreffenden Merkmale habe. Meine Herren, diese Merkmale sind so eigentümlicher Art, und so schwierig zu erfüllen — ich will mich nicht damit aufhalten, sie Ihnen näher darzustellen —, daß der Herr Minister ganz recht hatte, wenn er sagte, daß dieser Zoll von 2 M. nicht in Betracht komme. Ich glaube nicht, meine Herren, daß große Quantitäten als „andere Gerste" eingehen werden, da es zu schwierig ist, diese Merkmale zu erfüllen.

Meine Herren, der Herr Minister sagte dann: der Zoll für den Ochsen betrug bisher pro Stück $25^1/_2$ M.; nach dem neuen Tarif ist der Zoll auf 8 M. pro Doppelzentner Lebendgewicht angesetzt. Bei einem Durchschnittsgewicht von 7 Doppelzentern macht das einen Zoll von 56 M. pro Stück, also eine Zollerhöhung von über 100 pCt.

Für eine Kuh betrug der Zoll 9 M. pro Stück, jetzt 32 M., also 23 M. mehr. Der Herr Minister sagte wörtlich: „Das ist doch ein ganz enormer Aufschlag!"

Schweine bezahlten früher 5 M. pro Stück, jetzt 9 M. pro Doppelzentner Lebendgewicht. Bei einem Durchschnittsgewicht der importierten Schweine von $1^1/_2$ Doppelzentnern macht das also, wie der Herr Minister sagte, fast eine Verdreifachung des bisherigen Zolles.

In Bezug auf den Pferdezoll sagte der Herr Minister, daß es mit Rücksicht auf gewisse Kategorien von Pferdezüchtern notwendig gewesen sei, „präventiv wirkende Zölle" einzuführen. Ich brauche unter diesen Umständen Ihnen die Zollsätze wohl nicht näher zu nennen.

Meine Herren, für Schafe betrug der Zoll bisher 1 M., er beträgt in Zukunft 8 M. pro Doppelzentner Lebendgewicht. Sie können annehmen, daß ein gut gemästetes Schaf, wenn es zur Einfuhr kommt, wohl $1^1/_2$ einfache Zentner Lebendgewicht hat; das ist nicht zu hoch gegriffen. Dann würden das immer 6 M. Zoll, also eine Versechsfachung des gegenwärtigen Zolles sein.

Aber, meine Herren, ich habe mir schon erlaubt darauf hinzuweisen, daß die Bestimmungen über die Grenzsperre und die Seuchenkonvention eben das Erschwerende in den ganzen Verhandlungen, namentlich mit Oesterreich und wesentlich auch mit Rußland gewesen sind. Ich will gleich dabei bemerken, daß Rußland alle diese Bestimmungen in dem Vertrage aufheben wollte, aber es hat eben in der eigentümlichen Lage, in der es sich befand, auf dieses Verlangen verzichtet. Deutschland hat — wieweit dieses Zugeständnis auf die Erhöhung der russischen Zölle eingewirkt hat, das entzieht sich der Beurteilung — seine vollständige Autonomie Rußland gegenüber auf den beiden bezeichneten Gebieten bewahrt.

Meine Herren, aber bei Oesterreich-Ungarn ist etwas ganz anderes erreicht worden. Gegenüber Oesterreich-Ungarn bestand bisher für Deutschland die Ermächtigung, die Grenze zu sperren, nachdem ein Einschleppungsfall konstatiert worden war. Die Regierung hatte es sich jedoch zur Aufgabe gestellt, unter jeden Umständen — und das ist meiner Ansicht nach die Ursache des wiederholten Abbruches der Verhandlungen gewesen — die sogenannte präventive Grenzsperre durchzusetzen, das heißt, sie hat sich durch den Vertrag die Ermächtigung gesichert, die Grenze zu sperren, auch wenn die Gefahr der Einschleppung nur vermutet werde.

Meine Herren, in der betreffenden Reichstagssitzung erklärte der Herr Reichskanzler, daß mit der Ausführung dieser Maßregel der Herr Minister der landwirtschaftlichen Angelegenheiten betraut wäre, der das Nötige schon besorgen würde, und mit einem sehr drastischen Zuruf bestätigte das der Herr Minister ... ich glaube, er rief: „Jawohl, wird gemacht!" oder so etwas ähnliches.

Meine Herren, das gleiche hat der Herr Minister versichert auch vor dem Landes-Oekonomie-Kollegium, und wenn Sie sich vergegenwärtigen, was das bedeutet, daß der deutschen Regierung die Ermächtigung erteilt worden ist, ganz beliebig, unter jeden Umständen — es ist zwar ein Schiedsgerichtsverfahren eingesetzt, das der Herr Minister aber ganz richtig nur als ein scheinbares bezeichnet hat —, zu jeder Zeit die österreichische Grenze zu sperren, und wenn das dann in die Hand eines Ministers gelegt wird, der schon versichert, daß er den ausgiebigsten Gebrauch von dieser Ermächtigung machen würde, dann werden Sie verstehen, daß dieses Zugeständnis, mit dem ja die deutsche Regierung einen außerordentlichen Sieg über die österreichische errungen hat, mit kolossalen Opfern hat erkauft werden müssen. Diese Opfer zu bringen ist der Industrie auferlegt worden.

Meine Herren, wir werden — das gestatten Sie mir noch zu sagen in Bezug auf diese Maßregeln, die auf veterinärem Gebiete liegen —, alle Maßregeln billigen, die dazu ergriffen werden, um unsere Viehbestände gegen Seucheneinschleppung zu schützen. Aber, meine Herren, daß die jetzigen Maßregeln weitergehen, daß sie nicht nur den Schutz gegen Seuchen beabsichtigen, sondern daß darin eine Abwehr der auswärtigen Konkurrenz liegt, das geht ganz bestimmt aus einer anderen Abmachung hervor. Bis jetzt durfte Rußland jährlich 70726 Schweine unter der schärfsten Kontrolle bezüglich des Gesundheitszustandes über die deutsche Grenze einführen zur alsbaldigen Abschlachtung in den an der Grenze errichteten Schlachthäusern. Oesterreich hatte diese Begünstigung nicht. Von Oesterreich sind in den Jahren von 1898 bis 1904 durchschnittlich nur 198 Stück Schweine eingeführt worden. Oesterreich hat jetzt die Begünstigung erlangt, jährlich 80000 Schweine unter denselben schützenden Maßregeln zur alsbaldigen Abschlachtung einzuführen.

Nun frage ich, meine Herren: wenn die Einführung dieser Schweine unter der weitestgehenden Kontrolle gestattet ist, ohne Gefahr für unsere Viehbestände, wieso soll es dann nicht zulässig sein, unter den gleichen schützenden Bedingungen so viel Schweine einzuführen, wie der Konsum überhaupt erfordert? Der um das fast Dreifache erhöhte Zoll müßte doch als genügende Sicherung erblickt werden, daß die Einfuhr nur bei dringendstem Bedarf stattfinden werde. In dieser Beschränkung der Einfuhr auf eine bestimmte Stückzahl tritt ganz deutlich erkennbar das Bestreben hervor, lediglich die Konkurrenz abzuhalten, und darin muß ich eine Schädigung unserer ganzen Arbeiterbevölkerung erblicken, die doch in der Hauptsache, was den Genuß animalischer Produkte betrifft, auf Schmalz, auf Speck, und, wenn es hoch kommt, auf ein Stück Schweinefleisch angewiesen ist. Das sind Maßregeln, meine Herren, die zu billigen ich nicht im stande bin. Von den Agrariern war aber auch diese Lizenz beanstandet und beklagt worden. Der Herr Minister tröstete sie aber mit der Versicherung, daß die zugelassene Stückzahl nicht $^1/_2$ pCt. der in Deutschland erforderlichen Schweineschlachtungen betrage.

Meine Herren, wenn nun dem Centralverbande vorgeworfen worden ist, daß er während der ganzen Vorbereitung der Handelsverträge nicht schärfer den Uebertreibungen der Landwirte entgegengetreten ist — die ganz entschieden vorgekommen sind, sowohl in Bezug auf die Schilderung ihres Notstandes, wie in Bezug auf ihre Forderungen —, so habe ich zu bemerken, daß es niemals Gepflogenheit des Centralverbandes gewesen ist und hoffentlich auch niemals werden wird, in eine Agtiation einzutreten, die auf beiden Seiten einen im höchsten Grade verhetzenden und agitatorischen Charakter angenommen hatte. (Sehr richtig!) Das hat den Centralverband abgehalten, in dieser Weise auch mitzuwirken, und ich glaube, das wird jeder und das werden vor allen Dingen die Mitglieder des Centralverbandes billigen.

Meine Herren, der Centralverband hat im übrigen seinerzeit in ruhiger und sachlicher Weise Stellung zu den Handelsverträgen genommen. Die Forderung höherer Zölle für Brotgetreide hat der Centralverband aufrecht erhalten, auch als die Agrarier in unglaublich feindseliger Weise gegen die Industrie vorgingen. Denn der Centralverband hatte diese Forderung gestellt nicht lediglich zu Gunsten der Landwirtschaft, *sondern weil er deren Erfüllung im allgemeinen Interesse, im Interesse des Gemeinwohles für geboten erachtete.* Als die Vertreter der landwirtschaftlichen Interessen sich mit aller Schärfe gegen den Abschluß von langfristigen Handelsverträgen wendeten, da hat der Centralverband wiederholt und in sehr energischer Weise die Notwendigkeit des Abschlusses langfristiger Handelsverträge vertreten.

Meine Herren, ich kann und muß daher die Anklage, daß der Centralverband den für Industrie und Handel so ungünstigen Ausfall der Handelsverträge verschuldet habe, als unbegründet entschieden zurückweisen. Ich bin dazu umsomehr berechtigt, da außer dem übermäßigen, der Landwirtschaft gewährten Schutz auch noch andere Gründe für den ungünstigen Ausfall der Handelsverträge für die Industrie mitgewirkt haben, einer dieser Gründe ist die Unzulänglichkeit unseres eigenen Tarifs.

Meine Herren, die Regierung kam mit einem Entwurf, der in formaler Weise von der Annahme ausging, daß für alle Artikel, die nur einen geringen Import bei uns haben, auch keine Zölle nötig sind. Das war der rote Faden, der durch die ganze Begründung für den Zolltarifentwurf ging, und dementsprechend wurden vielfach zu niedrige Sätze eingebracht. Was hatte die Regierung für eine Veranlassung, bei mehr als 80 Positionen die bestehenden Vertragstarife schon in dem Entwurf zu ermäßigen, dem Umstand gegenüber, daß alle anderen Vertragsländer sich durch eine ganz außerordentliche Erhöhung ihrer bestehenden Tarife ein kräftiges und sicheres Rüstzeug für die Verhandlungen über die neuen Verträge geschaffen haben? Und nun, meine Herren, bitte ich Sie, einen Blick zurückzuwerfen auf die parlamentarische Tätigkeit oder vielmehr auf die Tätigkeit der Kommissionen in unserm Reichstag.

Meine Herren, vergegenwärtigen Sie sich die Verhandlungen des vorigen Jahrzehnts über die Arbeiterschutzgesetze, die großen Verhandlungen über die Aenderung der Arbeiter-Versicherungsgesetze, so werden Sie finden, daß die Kommissionen, die eingesetzt wurden, um die Beratung der Gesetzentwürfe vorzubereiten, ihre Aufgabe darin erblickten, weit über die Absichten der Regierung hinausgehend, unerfüllbare, undurchführbare, widersinnige Beschlüsse zu fassen, und daß dann die Aufgabe der zweiten und dritten Lesung darin bestand, soweit es möglich war, den Widersinn in Sinn zu verwandeln.

Meine Herren, in derselben Weise hat die Kommission des Reichstags auch in Bezug auf den deutschen Zolltarif gearbeitet. Man hat da statt Unsinn das Wort „Unstimmigkeit" gefunden. Das klingt etwas milder, aber Unsinn war es, was vielfach beschlossen worden ist. Diesmal aber fehlte, wegen der Ihnen allen bekannten Vorgänge, die Korrektur durch die zweite und dritte Lesung im Reichstage. Der Unsinn blieb bestehen, und, meine Herren, das war das Rüstzeug, mit dem unsere Regierung in diese schwerwiegenden Verhandlungen eintrat, und dieser Umstand erklärt es auch, warum wir auch solchen Staaten gegenüber, die durch ihre Interessen nicht gezwungen waren, ein so großes Gewicht auf die Bevorzugung unserer Landwirtschaft zu legen, in unseren Tarifbestimmungen vielfach zu kurz gekommen sind.

Meine Herren, auf Anregung des Centralverbandes ist der Wirtschaftliche Ausschuß ins Leben gerufen worden. Wir hatten dabei geplant, daß dieser Wirtschaftliche Ausschuß — ebenso wie der Zollbeirat in den 90er Jahren, der so ausgezeichnet für den Abschluß des russischen Handelsvertrages und der späteren gewirkt hat —, erst recht in Tätigkeit treten sollte bei den Verhandlungen als sachverständiger Berater und Beistand für die Regierung. Er ist gar nicht berufen worden. Er konnte nicht berufen werden, wie es heute ganz offenkundig ist, da die Regierung bei der Zusammensetzung des Ausschusses den äußersten agrarischen Interessen eine so weitgehende Vertretung eingeräumt hatte, daß keine Förderung des Vertragswerkes, sondern nur Hinderung von dieser Körperschaft erwartet werden mußte. Deswegen mußte dieses Organ vollständig ausgeschaltet werden. Dafür haben die Herren Dezernenten sich nach eigenem Ermessen Begutachter und Sachverständige herangeholt. Der Ausfall der Verträge scheint aber doch wohl der Vermutung Raum zu geben, daß die Herren keine glückliche Hand bei der Auswahl gehabt haben.

Meine Herren, zu alledem — ich kann den Vorgang hier nicht unerwähnt lassen — zu all diesen ungünstigen Umständen kam die Absicht der Regierung, Agrarpolitik zu treiben und in gewissem Sinne die Fortschritte der Industrie für die Zukunft einzudämmen. Darüber hat der Herr Staatssekretär des Innern in seiner letzten Rede vor der Annahme der Handelsverträge eine dankenswerte Auskunft gegeben. Kurz vor der Abstimmung in der dritten Lesung ergriff der Herr Graf von Posadowsky noch einmal das Wort, zunächst um einige Beschwerden der Industrie als unberechtigt zurückzuweisen. Er hatte einen sehr glücklichen Tag, denn es gelang ihm auf Kosten der Industrie mehrfach die Heiterkeit des hohen Hauses zu erregen; aber er wollte schließlich noch ein ernstes Wort an den Reichstag richten und sagte ungefähr folgendes:

> Soziale und Agrarpolitik führten zu demselben Ziele. Deutschland habe das radikalste Wahlrecht. Kein Volk der Welt habe eine so starke Neigung zur aufsteigenden Klassenbewegung. In diesen beiden Tatsachen, verbunden mit der schnellen Volksvermehrung lägen wichtige Momente des wirtschaftlichen und geistigen Fortschritts. Dadurch sei jedoch eine nervöse Hast in unser politisches und öffentliches Leben gekommen, die unter Umständen bis zur Selbstvernichtung gehen könne.

Daher sei ein politisches Gegengewicht notwendig, und dieses erblicke er in der deutschen Landwirtschaft. Diese sei der feste Anker des Staatsschiffes und daher habe die Regierung ein Interesse, Agrarpolitik zu treiben."

Der Herr Staatssekretär begründete das weiter noch mit dem Wunsche, die Landbevölkerung auf dem Lande festzuhalten.

Meine Herren, das war, wie berichtet worden ist, in einer Weise vorgetragen worden, daß niemand darüber im Zweifel sein konnte, daß der Herr Minister aus tiefster, innerster Ueberzeugung gesprochen hatte, und daß diese Ueberzeugung hervorgegangen war aus der Erkenntnis dessen, was er für das Wohl und Gedeihen des Staates für unabweisbar notwendig erachtete.

Meine Herren, ich aber vertrete die Ueberzeugung, daß der Herr Staatssekretär bei diesen Darlegungen von nicht zutreffenden Voraussetzungen ausgegangen ist und daß seine Politik bei der Durchführung verhängnisvoll für den Staat werden muß.

Meine Herren, die Stufenleiter der Entwickelung führt von dem Agrarstaat zum Industriestaat. Erst nachdem Deutschland diesen großen Schritt in der Entwickelung vorangetan hat und ein Industriestaat in des Wortes voller Bedeutung geworden ist, hat es mit Erfolg an die Lösung der höchsten Kulturaufgaben herantreten und seinen Platz in der Gruppe der großen Weltmächte der Erde einnehmen können. Diesen ihm schwer bestrittenen Platz wird Deutschland nur behaupten können, wenn es in der Entwickelung als Industriestaat fortschreitet, wenn es immer wirkungsvoller und umfassender in den Weltverkehr eingreift. Nur auf diesem Wege liegt Deutschlands Zukunft. Das erkennen die anderen Großstaaten, unsere mächtigen Rivalen für sich vollkommen an. Daher dreht sich heute, im vollen Gegensatz zu früheren Zeiten, die ganze sogenannte große Politik um wirtschaftliche Fragen, um die Ausdehnung und Entwickelung des wirtschaftlichen Verkehrs. Auf diesem Gebiete liegen die Ursachen des furchtbaren Krieges, der gegenwärtig im fernen Osten wütet, nur aus diesen Ursachen werden künftig noch Kriege entbrennen. Glaubt der Herr Staatssekretär, daß er den Staat besser, stärker rüsten wird für solche Kämpfe durch den Rückschritt zum Agrarstaat? Unser scharfsichtiger Kaiser scheint es anders gemeint zu haben mit seinem bekannten Worte: „Deutschlands Zukunft liegt auf dem Wasser!"

Meine Herren, die Ausführungen des Herrn Staatssekretärs kann ich nicht anders verstehen als: die Entwickelung der Industrie ist einzudämmen, ihr ist ein Hemmschuh anzulegen im Interesse der weiteren Ausbildung der Landwirtschaft. Wenn der Herr Staatssekretär aber wirklich glaubt, daß die Landwirtschaft der alleinige sichere Ankergrund des Staatsschiffes sei, dann verstehe ich seine Sozialpolitik nicht.

Meine Herren, wir sind im Centralverband lange einig darüber, daß die Sozialpolitik des Herrn Staatssekretärs eine Begünstigung der Sozialdemokratie ist (sehr wahr!), die er nicht will, aber sie führt unverkennbar dahin. (Zustimmung.) Meine Herren, wenn diese Politik weitergetrieben wird, so wird sicher das lange erwünschte Ziel der Sozialdemokratie erreicht werden, die Sozialdemokratie wird sich auch über die Landwirtschaft und über die landwirtschaftlichen Betriebe ausdehnen. Dann aber wird der Ankergrund auch morsch, morastig werden, den jetzt der Herr Staatssekretär allein für sicher erachtet.

Nun, meine Herren, ich habe geglaubt, diese Aeußerung des Herrn Staatssekretärs, die ich für die bedeutungsvollste erachte, die seit Jahren von einem so hochstehenden Staatsmanne gemacht worden ist, nicht stillschweigend übergehen zu können. Meine Herren, der Centralverband muß für diese offene Aussprache dem Herrn Staatssekretär außerordentlich dankbar sein, denn sie zeigt dem Centralverband in deutlichster Klarheit die Ziele, die er zu verfolgen hat, die er sich stecken muß, um die Interessen der Industrie nachhaltig, wie es seine Pflicht ist, zu vertreten.

Meine Herren, an den Handelsverträgen ist nichts mehr zu ändern. An uns tritt die Frage heran: Was haben wir zu tun, um die ungünstigen Einwirkungen der Handelsverträge für die Industrie in anderer Weise abzuschwächen? Da tritt zuerst uns der Umstand entgegen, daß unser jetzt bereits 12 Milliarden betragender internationaler Verkehr sich nur mit etwa ein Drittel mit den Vertragsstaaten vollzieht, zu zwei Dritteln mit den anderen Staaten. Es tritt der Umstand hervor, daß der Abschluß dieser Handelsverträge die Notwendigkeit herbeigeführt hat, mit allen anderen Staaten unsere handelspolitischen Beziehungen neu zu regeln. Die Fragen, die dabei in Betracht kommen, hier breit vor der Oeffentlichkeit zu erörtern, halte ich nicht für zweckmäßig. Das wird in den engeren Kreisen der Organe des Centralverbandes geschehen müssen. Es wird aber Pflicht des Centralverbandes sein, mit allen seinen Kräften und mit dem Einfluß — mag er so gering sein, wie er will, den er aber überhaupt besitzt — dahin zu wirken, daß die Verbündeten Regierungen sich entschließen, bei diesen neuen Abkommen die Interessen der Industrie besser zu wahren. Aber, meine Herren, den Erfolg hat die Regierung nicht in der Hand; das müssen wir heute sofort zugeben. Auf einem anderen Gebiete aber liegt die Entscheidung allein bei der Regierung: das ist das Gebiet der Eisenbahnfrachten.

Meine Herren, unendlich lange schon hat die Industrie die Forderung gestellt, daß die Eisenbahnfrachten, namentlich für Massengüter, ermäßigt werden sollen. Diese Forderung jetzt erneut und mit erhöhtem Nachdruck zu stellen, ist die Industrie berechtigt, und ich hoffe, der Centralverband wird keine Gelegenheit vorübergehen lassen, um dies auszusprechen und die Regierung zu veranlassen, in dieser Beziehung entgegen zu kommen.

Nun, meine Herren, möchte ich mir erlauben, zum Schluß dieses Teiles meines Vortrages, der ja leider eine ganz geraume Zeit in Anspruch genommen hat, Ihnen die Versicherung wieder zu geben, oder Ihnen, richtiger gesagt, vor Augen zu führen, daß Ihr Direktorium und Ihre Geschäftsführung alles getan haben, was überhaupt hat geschehen können, um die Interessen der Mitglieder des Centralverbandes bei dem Abschluß der neuen Handelsverträge zu wahren.

Meine Herren, alle Vorlagen, das neue Tarifschema, der Tarifentwurf, der neue Tarif, wie er damals angenommen war, der Entwurf zu dem amtlichen Warenverzeichnis und die neuesten Vertragstarife sind mit einer unsäglich großen Arbeit und mit dem Opfer von vielen tausend Mark mit einer Schnelligkeit wie von keiner anderen freien Vereinigung und überhaupt von keiner Vereinigung, unseren Mitgliedern in handlicher Form zur Verfügung gestellt worden.

Meine Herren, die Wünsche, die unsere Industrie hatte, die Forderungen in Bezug auf den Abschluß der neuen Handelsverträge sind sehr sorgfältig gesammelt, wiederholt für die verschiedenen Handelsverträge, und mit eingehender Begründung versehen allen Stellen unterbreitet worden, denen ein Einfluß auf den Abschluß der Handelsverträge zugemutet werden konnte. Sie ruhen jetzt, wie der Herr Staatssekretär des Innern in der erwähnten Rede auch sagte, unter den Centnern von Papieren, die im Reichsamt des Innern aufbewahrt werden. Er hatte auch damit das Glück, die Heiterkeit des hohen Hauses zu erregen.

Es würde uns eine Genugtuung sein — ich glaube dem Direktorium sowohl, wie der Geschäftsführung —, wenn Sie in Ihrem Kreise anerkennen würden, daß von diesen Seiten nichts versäumt ist, um Ihre Interessen zu wahren.

Das zweite große und bedeutungsvolle Ereignis ist die Erledigung der Kanalvorlage. Die Besserung und Erweiterung der

Verkehrsverhältnisse hat für Deutschland eine ganz besonders große Bedeutung. Die Rohmaterialien für die Industrien kommen in verschiedenen Teilen des Landes vor und sind meistens räumlich weit von einander getrennt. Auf diesen Umstand und die eigentümliche politische Entwickelung ist es zurückzuführen, daß sich die Industrie, zwar unter starker Verdichtung in einzelnen Gebieten, über die hauptsächlichsten Teile des Reiches ausgebreitet hat. Deswegen haben die in Deutschland vorkommenden Rohmaterialien meistens weite Wege bis zu den Stätten ihrer Verarbeitung zurückzulegen. Deutschland stößt nur mit seiner Nordgrenze an das die Heerstraße des Weltverkehrs bildende Meer. Daher haben die deutschen Industrien, soweit es nicht vorteilhafter für sie ist die Verkehrsstraßen des angrenzenden Auslandes zu benutzen, für ihren überseeischen Verkehr, sowohl für den Bezug wie für die Versendung, große, zum Teil sehr bedeutende Entfernungen im Binnenlande zu überwinden. In diesen, die Herstellungskosten wesentlich erhöhenden Beziehungen ist Deutschland wesentlich ungünstiger gestellt, als die anderen großen Staaten, mit deren Industrien die deutsche Industrie den Wettbewerb im Inlande wie auf dem Weltmarkt zu bestehen hat. (Sehr richtig!) Dazu kommt, daß große Gebiete des Reiches, infolge ihrer abgetrennten Lage und des Mangels ausreichender und billiger Verkehrsmittel, in ihrer wirtschaftlichen Entwickelung stark zurückgeblieben sind. Aus diesen Gründen ist das Streben einsichtiger Wirtschaftspolitiker von jeher auf die Verbesserung und Erweiterung der Verkehrsmittel gerichtet gewesen.

Soweit die Eisenbahnen in Betracht kommen, kann man hinsichtlich der Dichtigkeit des Netzes und der vorhandenen Richtungen dieser Verkehrswege mit Befriedigung auf die stattgehabte Entwickelung zurückblicken, deren Grundlage freilich in der Hauptsache von privater Initiative geschaffen worden war. Leider ist die Ausgestaltung der Frachtpreise dem Bedürfnis und der Entwickelung nicht gefolgt; das Hindernis ist in der Verstaatlichung der Eisenbahnen und in der Verbindung der Einnahmen aus ihnen mit den allgemeinen Staatsbudgets zu erblicken.

Außerordentlich zurückgeblieben ist in Deutschland die Verbesserung und Erweiterung der Wasserstraßen. Jahrzehnte lang waren durchgreifende Erfolge auf diesem Gebiete nicht zu verzeichnen. Ihnen stand, besonders in Preußen, lange Jahre hindurch eine durchaus unrichtige Beurteilung des Einflusses, den die Wasserstraßen auf die Einnahmen ausüben konnten, im Wege. Und doch waren gerade für Deutschland die einen billigeren Verkehr der Massengüter ermöglichenden Wasserstraßen von höchster Bedeutung.

Das wurde schließlich von einem einsichtsvollen, an der Spitze des preußischen Verkehrswesens stehenden Manne erkannt. Diese Erkenntnis war wesentlich gefördert worden durch den Umstand, daß es für die Eisenbahnen immer schwerer, fast unmöglich wurde, die Massen des mit dem Aufschwung des Wirtschaftslebens gewaltig gesteigerten Verkehrs zu bewältigen.

So entstand in Preußen der Plan, in großen Zügen an die Verbesserung der bestehenden Wasserstraßen und an die Bildung neuer solcher Verkehrswege heranzutreten. Vor allem war der große Plan darauf gerichtet, die von Süden nach Norden das Land durchziehenden natürlichen, aber teilweise wenig leistungsfähigen Wasserstraßen zu verbessern und miteinander zu verbinden, ferner den in jeder Beziehung hochentwickelten Westen der Monarchie durch eine leistungsfähige Wasserstraße mit den in der Entwickelung zurückgebliebenen, sehr ausgedehnten östlichen Teilen des Landes zu verbinden. Das sollte geschehen durch die Verbindung des Rheins mit der Elbe, durch den sogenannten Mittellandkanal.

Es entsprach vollkommen dem scharfen Blick und tiefen Verständnis des Kaisers und Königs, daß er sich fast mit Begeisterung diesem großartigen Plane zuwendete und daß er für die Durchführung sein hohes, königliches Wort verpfändete.

Aber zwischen diesen Plan und dessen Durchführung trat hindernd die agrarische Bewegung. Die von durchaus unrichtigen Vorstellungen über die tatsächlichen Wirkungen der Wasserstraßen ausgehenden schiefen Urteile in Verbindung mit der gegen die Industrie herrschenden Mißgunst, stellten sich der Ausführung entgegen. Dazu kam die Erkenntnis bei den berufsmäßigen agrarischen Agitatoren, daß die starke Ausmalung der Schäden, die der Landwirtschaft durch die Kanäle, besonders durch den Mittellandkanal bereitet werden würden, sich vortrefflich dazu eigne, die verständnislose Masse der landwirtschaftlichen Wähler in eine hochgradige Erregung zu versetzen und dadurch einen Druck auf die wesentlich von ihnen abhängigen Abgeordneten und Parteien auszuüben.

Unerwähnt darf nicht bleiben, daß ein Mann, dessen ungewöhnliche staatsmännische Begabung ihn befähigte, in seiner einflußreichen Stellung als preußischer Finanzminister sich große Verdienste zu erwerben, die in der Geschichte Preußens unvergänglich sein werden — daß dieser Mann innerlich dem großen Plane widerstrebte. Sein staatsmännischer Blick war in den letzten Jahren augenscheinlich getrübt durch seine Vorliebe für die agrarische Bewegung, deren eigentlicher Vater er gewesen war, und durch die engherzige Auffassung der fiskalischen Interessen.

So kam es, daß der Plan scheiterte, daß er jahrelang zurückgestellt werden mußte, bis die agrarischen Kreise Gewißheit wegen der Erfüllung ihrer hauptsächlichsten, weitgehenden Forderungen auf dem Gebiet der Handelspolitik erlangt hatten. Aber selbst dann betätigte sich die rückständige, verkehrsfeindliche Strömung als so mächtig und maßgebend, daß die Regierung nicht mehr wagte, mit dem vollen Plane hervorzutreten. Der überaus gesunde Gedanke, zwischen Ost und West eine Verbindung zu schaffen, wurde aufgegeben. Nachdem die weitgehende Bevorzugung der Landwirtschaft durch die neuen Handelsverträge sichergestellt worden war, brachte die neue Vorlage einen Torso.

So gelangte die Vorlage zur Annahme, nachdem sie vorher noch von den verkehrsfeindlichen Elementen mit Schiffahrtsabgaben und Schleppmonopol belastet worden war.

Die unseren Kreisen nahestehenden Abgeordneten haben für die Vorlage gestimmt und sie haben recht daran getan. Denn wenn das Ganze auch nicht erreicht ist, so ist doch die Herstellung einer Reihe wichtiger und leistungsfähiger Wasserstraßen gesichert, die befruchtend auf unser Wirtschaftsleben einwirken werden. Mit Bezug auf die Schiffahrtsabgaben und das Schleppmonopol ist zu bedenken, daß die Einführung der ersteren auf den natürlichen Wasserstraßen, den bisher freien Strömen, noch gute Wege zu haben scheint. Die süddeutschen Regierungen scheinen nicht geneigt zu sein, sich so leicht über die verfassungsmäßigen Bestimmungen hinwegzusetzen, wie es die preußischen Herren Minister getan haben.

Die das Schleppmonopol betreffenden Bestimmungen werden erst in etwa acht Jahren in Wirksamkeit gesetzt werden können. Das ist eine verhältnismäßig lange Zeit. Bei uns in Ostpreußen sagt man dem vom Mißgeschick und von widrigen Verhältnissen Verfolgten gewissermaßen zum Troste: „die Welt ist rund und muß sich drehen!“ Damit will man sagen, es werden auch wieder bessere Zeiten kommen. Das möchte ich auch in diesem Falle sagen. Ich halte es für unmöglich, daß die Regierung eines der ersten, auf den Fortschritt in jeder Beziehung angewiesenen Kulturstaaten der Welt sich dauernd dem Drucke einer rückständigen, verkehrsfeindlichen Partei fügen wird.

Wenn auch in Preußen aus der Entwickelungsgeschichte hervorgegangene traditionelle Verhältnisse die Herrschaft des verkehrs- und industriefeindlichen Agrariertums stützen, so werden sich die mit Rücksicht auf die Erhaltung des Staates hervortretenden Pflichten doch auf die Dauer als stärker erweisen und die Regierung, in wessen Händen sie auch liegen mag, zwingen, den modernen, vorwärts strebenden Kräften die ihnen gebührende Rücksicht und den ihnen zukommenden Einfluß zuteil werden zu lassen. (Zustimmung.)

Meine Herren, das dritte große Ereignis, welches ich noch zu behandeln habe, ist nicht sowohl der Ausstand der Bergarbeiter im Ruhrrevier, sondern es ist das Eingreifen der Regierung in diesen Ausstand, und es sind die eventuellen Folgen, die dieser Eingriff haben wird. Aber eines läßt sich ohne das andere nicht behandeln.

Zunächst aber möchte ich mir erlauben, Sie auf den Umstand aufmerksam zu machen, daß in diesem Falle die öffentliche Meinung sich mit einer seltenen Einmütigkeit und mit einer seltenen Energie auf die Seite der Ausständigen stellte und in eine vollständig feindliche Stellung den Arbeitgebern gegenüber. (Sehr richtig!)

Meine Herren, das war das Erzeugnis einer von Haus aus tendenziös gefärbten verlogenen, verhetzenden Presse. Diese Berichte sind in der ganzen liberalen Presse in dieser Weise erstattet worden, sodann in der ganzen klerikalen Presse — von der sozialdemokratischen gar nicht zu sprechen.

Meine Herren, als ich die Wahrnehmung machte, daß die öffentliche Meinung in dieser Weise irregeführt wurde, entschloß ich mich sofort, meinen Stellvertreter, den Herrn Regierungsrat Dr. Leidig, zu veranlassen, in das Streikgebiet zu gehen mit der Aufgabe, objektive Berichte zu schreiben. Herr Regierungsrat Leidig hat sich dieser Aufgabe mit großer Aufopferung und mit außerordentlicher Gewissenhaftigkeit unterzogen und sie erfüllt. Aber, meine Herren, diese Berichte wurden von der von mir gekennzeichneten Presse einfach unterschlagen. Jeder Vorgang, der günstig für die Arbeitgeber sprechen konnte, wurde totgeschwiegen, jeder Umstand, der ungünstig für die Arbeiter sprechen konnte, wurde totgeschwiegen, und jedes Ereignis, welches geeignet war, für die streikenden Arbeiter Mitgefühl und Sympathie zu erwecken, wurde der öffentlichen Meinung im Brillantlichte gezeigt.

Meine Herren, ich möchte mir erlauben, die Frage an Sie zu richten: glauben Sie, daß gegenüber einer andern großen Industrie in unserm Vaterlande, wenn sie durch einen großen Streik ihrer Arbeiter in ähnlicher Weise in den Vordergrund des öffentlichen Lebens gestellt würde, die öffentliche Meinung anders verfahren würde? (Rufe: Nein!) Ich verneine diese Frage entschieden! Sehen Sie doch, wie war es beim Streik in Crimmitschau, als der Sächsische Verband und der Centralverband in Aktion traten? Da wandte sich die ganze liberale und die ganze klerikale und die ganze sozialdemokratische Presse mit derselben Schärfe gegen die Arbeitgeber, wie es jetzt geschehen ist, und wenn es damals nicht gelang, die öffentliche Meinung in dem Grade zu erregen, wie jetzt, so lag das an dem Umstande, daß die Verhältnisse unendlich viel kleiner waren. (Reichstagsabgeordneter Dr. Beumer: Sehr richtig! — Zuruf: Und daß die Regierung sich nicht eingemischt hat!)

Dasselbe wird der Fall sein bei jedem großen Ausstande, die Erregung gegen die Arbeitgeber wird ebenso geschürt werden, es werden ähnliche Erscheinungen hervortreten, welcher Art auch die von dem Angriff der Arbeiter betroffene Industrie sein mag. Die Ursache liegt in unseren staatlichen, politischen Institutionen, hauptsächlich in dem Umstande, daß die Arbeiter über die ausschlaggebende Masse der Stimmen zu verfügen haben. Darüber mich hier weiter auszusprechen, ist nicht erforderlich.

Meine Herren, aber diese allgemeine Stimmung in der öffentlichen Meinung scheint, wie ich beobachtet habe, doch nicht spurlos an der Industrie vorübergegangen zu sein. Ich glaube wahrgenommen zu haben, daß manche industrielle Kreise sich veranlaßt gesehen haben, nicht nur den Arbeitgebern im Ruhrrevier keine Sympathie entgegenzutragen, sondern sogar antipathisch ihnen gegenüberzutreten. Das liegt auch noch auf einem andern Gebiete, das ich hier auch gleich zur Sprache bringen möchte.

Ich weiß sehr wohl, daß in verhältnismäßig großen industriellen Kreisen wenig Vorliebe für die Arbeitgeber des Kohlenreviers vorhanden ist, weil in diesen die Urheber des die Kohlen angeblich verteuernden Kohlensyndikats erblickt werden.

Nun, meine Herren, meine Stellung zu der Syndikatsfrage ist Ihnen bekannt. Ich habe niemals daraus ein Hehl gemacht, daß ich die Organisation unserer Industrien für absolut notwendig erachte, wenn unsere Industrien den Wettbewerb auf dem Weltmarkt mit den organisierten Industrien des Auslandes aufrecht erhalten sollen. Meine Herren, ich bin wegen dieser Ansicht mehrfach angegriffen worden; ich kann sie aber nicht ablegen, ich kann sie nicht ändern, sie wird bleiben. Das weiß ich sehr wohl, meine Herren, daß unsere Syndikate noch Fehler machen, daß sie in ihrer Entwickelung noch garnicht auf der Höhe der Vollständigkeit und der Vollkommenheit stehen. Aber das vollkommenste Syndikat ist doch bisher das Kohlensyndikat gewesen; das ist festgestellt worden in der Enquete. Und, meine Herren, das Kohlensyndikat ist auch außerordentlich gelobt und gepriesen worden, als es in den Jahren 1899 und 1900, der Zeit der großen Aufwärtsbewegung, wo alle Preise sprungweise in die Höhe gingen, seine Kohlenpreise nicht erhöhte, sondern dieselben Kohlenpreise beibehielt, die es 1898 schon gehabt hatte. Meine Herren, weil aber die Preise nicht erhöht worden waren, darum konnten Sie nachher, als der Niedergang kam, auch nicht herabgesetzt werden. Da ging die Unzufriedenheit mit dem Kohlensyndikat los, da kam der heftige Tadel! Meine Herren, wenn in der großen Haussezeit das Kohlensyndikat die Preise um einige Mark in die Höhe gesetzt hätte, so hätte kein Hahn danach gekräht. Dann hätte man das ganz verständlich gefunden. Jetzt vergißt man, daß auch in der Haussezeit eine gewisse Gleichmäßigkeit der Preise von Wert ist, die freilich dann auch erhalten bleiben muß, wenn andere Zeiten eintreten.

Das alles habe ich nur angeführt, meine Herren, um an Sie die Mahnung und die Bitte zu richten, sich durch Sympathien oder Antipathien gegenüber den Arbeitgebern im Kohlenrevier bei der Beurteilung der vorliegenden Fragen nicht leiten zu lassen, sondern diese Fragen, die ich mir erlauben werde, Ihnen zum Vortrag zu bringen, nur zu beurteilen vom Standpunkt des industriellen Arbeitgebers.

Meine Herren, eine Aenderung der Arbeitszeit, die von dem Oberbergamt genehmigt war und auf den allermeisten großen Zechen im Gange ist, führte auf der Zeche Bruchstraße zum Streik. Gleichzeitig traten in den Ausstand die Arbeiter der demselben Besitzer gehörigen Zeche Herkules wegen der verweigerten Wiederanlegung eines als unbotmäßig entlassenen Arbeiters. Meine Herren, wie ein Feuer auf dem Strohdache im Sturme verbreitete sich der Aufstand über das ganze Revier; in wenigen Tagen hatten 200 000 Arbeiter die Arbeit niedergelegt, alle unter Kontraktbruch, die allermeisten ohne Klagen zu erheben, ohne irgend welche Forderungen zu stellen. Und nun ging die Hetze los. In Versammlungen, in allen Zeitungen konnten Sie Schilderungen lesen von dem elenden Kohlenarbeiter, der bei schwerster Arbeit und kümmerlichem Lohne hungert, der roh und unmenschlich behandelt wird, der unter allgemeinen Mißständen leidet, die dort herrschen, und von denen er in den Streik getrieben sei.

Meine Herren, es ist erwiesen, daß die Kohlenarbeiter zu den bestbezahlten Industriearbeitern gehören. Sie sind früher auch die besten gewesen, sie haben sich früher selbst für die besten gehalten. Die Kohlenarbeiter haben gewissermassen eine Kaste gebildet, in der sie treu an ihrer Grube und an ihrer Arbeit hingen. Wohl wußten sie, daß ihr Beruf mit Gefahren verbunden sei, aber es war ihr

Stolz, der Gefahr mutig entgegenzugehen, wie der Seemann auch an den Planken seines Schiffes hängt und dem Sturme trotzt. Meine Herren, der alte Bergknappe von früher würde sich auch mit Entrüstung und mit Verachtung von denen abgewandt haben, die gewagt hätten, ihn als das elende Wesen zu schildern, als welches er jetzt dargestellt wird.

Meine Herren, diese Zeiten sind vorüber, das ist alles anders geworden. Durch eine Jahrzehnte lange Verhetzung, betrieben von der Sozialdemokratie und von der klerikalen Partei, zunächst um die Arbeiter in ihre Organisationen hineinzudrängen, durch diese Agitation und Verhetzung, die schon 1889 zu dem großen Bergarbeiterstreik geführt hat, die dann fortgesetzt ist mit schärferen Mitteln mit der Zunahme der durch unsere Gesetze gestatteten größeren Zügellosigkeit der Sozialdemokratie — durch diese Verhetzung sind die Arbeiter in den Streik getrieben. Durch diese Verhetzung ist eine Wahnvorstellung bei ihnen hervorgerufen worden über Mißstände, die nicht da waren. Denn anders als auf eine Wahnvorstellung kann es doch nicht zurückgeführt werden, wenn die Arbeiter Tausende von Klagen anbrachten über Mißstände, von denen es sich nachher erwiesen hat, daß sie nicht vorhanden waren. Es war eben eine Wahnvorstellung, die zu diesem Streik geführt hat.

Wie war nun die Haltung der Regierung, meine Herren? In dem Oberbergamtsbezirk Dortmund — das ist Ihnen vielleicht nicht allen bekannt — sind ungefähr 80 Beamte lediglich zu dem Zwecke angestellt, um die rund 250 selbständigen Tiefbauanlagen zu überwachen und zu revidieren. Meine Herren, bei der Pflichttreue der preußischen Beamten — die Pflichttreue der preußischen Beamten hat den Preußischen Staat groß gemacht, die aufopferungsvolle Pflichttreue des preußischen Beamten ist die wesentlichste Ursache seiner heutigen Machtstellung gewesen — mußte die Regierung wissen, daß diese Mißstände nicht vorhanden sind. Sie hatte die Verpflichtung, der Behauptung, daß solche allgemeinen Mißstände vorhanden seien, mit Rücksicht auf ihre Beamten im Revier mit aller Entschiedenheit entgegen zu treten. Meine Herren, das ist nicht geschehen. Die Regierung hat zu wiederholten Malen gesagt, sie würde untersuchen, sie würde Klarheit schaffen, und in diesem Ausspruch erblickte man ein indirektes Zugeständnis, daß diese Mißstände vorhanden waren. Die Königliche Staatsregierung wäre aber verpflichtet gewesen, vorbehaltlich weiterer Untersuchungen, diese allgemeinen Mißstände in Abrede zu stellen, mit Rücksicht auf die Irreführung der öffentlichen Meinung, mit Rücksicht auf die Arbeitgeber; denn sie vielmehr als jeder andere kennt die großen Opfer, die von den Bergwerksbesitzern Jahr für Jahr gebracht werden und nicht zum allerwenigsten auf Veranlassung der Regierung, um ihre Zechen in tadellosem, mustergültigen Zustande zu erhalten.

Meine Herren, die Regierung tat nichts dergleichen, sondern sie entsandte ihren höchsten Bergbaubeamten, um die Arbeitgeber aufzufordern, mit den kontraktbrüchigen Arbeitern zu unterhandeln. Diese Aufforderung wurde abgelehnt. Meine Herren, diese Ablehnung ist den Arbeitgebern im Ruhrrevier schwer verdacht worden, sie ist als ein großer Fehler auch von der Ministerbank aus bezeichnet worden.

Nun bitte ich Sie, meine Herren, sich auf den Standpunkt der industriellen Arbeitgeber zu stellen und von diesem aus zu erwägen, was diese Zumutung bedeutete. Sie bedeutete, daß über den Kontraktbruch hinweggesehen werden sollte, sie bedeutete die Zumutung an die Arbeitgeber, über Mißstände zu verhandeln, die nicht da waren, über Forderungen, die notdürftig nachträglich zusammengestoppelt waren und die der Laie als unerfüllbar erkennen mußte, zu verhandeln mit Delegierten, die in zufällig zusammengewürfelten Arbeiterversammlungen von der erregten Masse gewählt oder berufen waren. Meine Herren, die Erfüllung dieser Zumutung würde einmal bedeutet haben die Sanktion des Kontraktbruches, sie würde aber auf der anderen Seite die Autorität des Arbeitgebers derartig geschädigt und untergraben haben, daß für alle Zeiten das Arbeitsverhältnis im Ruhrrevier als verschlechtert hätte betrachtet werden müssen. Ich glaube daher, meine Herren, daß die Arbeitgeber vollständig recht gehandelt haben, wenn sie diese Forderung abgelehnt haben. (Sehr richtig!)

Aber, meine Herren, sie bewiesen in anderen Beziehungen weitgehendes Entgegenkommen. Die Arbeitgeber verpflichteten sich, mit ihren eigenen Arbeitern jederzeit zu verhandeln, denn diesen gegenüber konnten sie, wenn sie es wollten, den Rechtsstandpunkt und die Autorität des Arbeitgebers dadurch wahren, daß sie den begangenen Kontraktbruch durch Abzug von dem rückständigen Lohn sühnten. Die Zechenbesitzer hatten auch dringend eine amtliche Untersuchung der Zustände auf den Zechen verlangt und sich bereit erklärt, jede denkbare Abhilfe zu leisten.

Die Königliche Staatsregierung hat wohl die Arbeitgeber wegen der Ablehnung der Verhandlungen mit den kontraktbrüchigen Arbeitern getadelt, die Ablehnung für einen Fehler erklärt, von den entgegenkommenden Erklärungen des Bergbaulichen Vereins aber hat sie niemals gesprochen.

Die Regierung hat sich nach dem Scheitern ihrer Vermittelungsversuche darauf beschränkt, die von ihr als notwendig erachteten Untersuchungen einzuleiten. Dabei wurde von den Vertretern der Königlichen Staatsregierung in den Parlamenten zunächst und vor allem die Verpflichtung aufs äußerste betont, strenge Neutralität zu halten. Gegenüber dem Drängen der Parteien, wenn nicht anders mit der Macht des Gesetzes einzugreifen, sagte der Herr Handelsminister am 17. Januar, daß er nicht in der Lage sei, in dieser Session eine Novelle zum Berggesetz einzubringen. Und, meine Herren, am 23. Januar ermahnte er, nicht eine Gesetzgebung ab irato zu unternehmen; man müsse abwarten, bis wieder völlig ruhige Zeiten eingetreten wären, dann werde man die Lehren aus dem Streik zu ziehen haben und nachhelfen und abhelfen können, wo es sich als notwendig herausstellen sollte.

Und, meine Herren, am 27. Januar verkündete der Telegraph der staunenden Welt, daß die Regierung entschlossen sei, in kurzer Zeit eine Novelle zum Berggesetz einzubringen, durch welche wesentliche Forderungen der Arbeiter „geregelt“ werden sollten — das wurde allgemein als „bewilligt“ übersetzt, und nicht mit Unrecht — und am 30. Januar bestätigte der Herr Handelsminister, daß dies geschehen würde auf einmütigen Beschluß des Königlichen Staatsministeriums. Eine Aufklärung des Widerspruches zwischen dieser Erklärung und der wenige Tage vorher abgegebenen ist von dem Herrn Handelsminister nicht erfolgt.

Meine Herren, am 30. Januar begannen die amtlichen Untersuchungen, und am 8. Februar verkündete der Reichsanzeiger das erste Ergebnis über die Untersuchungen auf der Zeche Bruchstraße, von welcher der Ausstand ausgegangen war. Der lange Bericht endete mit den Worten: „Irgendwelche Zustände, die als allgemeine Mißstände für die Arbeiterschaft auf Zeche Bruchstraße bezeichnet werden können, sind nicht erwiesen.“ Meine Herren, dabei ist es geblieben. Alle weiteren Untersuchungen, die haben stattfinden können, haben dasselbe Ergebnis gehabt. Da war es natürlich, daß die Führer, die ja am besten gewußt hatten, daß solche Mißstände nicht bestanden, diese für sie und die ganze Bewegung in ihrem Ergebnis so kompromittierenden Untersuchungen so schnell als möglich beenden wollten. Sie haben das getan, indem sie den Arbeitern verboten haben, fernerhin als Zeugen vor diesen Untersuchungskommissionen zu erscheinen. Meine Herren, das ist eines der charakteristischsten Merkmale in dieser ganzen Bewegung. Die Führer mußten befürchten, daß unter dem Einfluß dieser Ermittlungen doch die öffentliche Meinung umschlagen könnte. Ferner trat der Umstand hinzu, daß dieser Ausstand gerade von der Sozialdemokratie in ihrem Interesse außerordentlich verwertet wurde. Das war den Vertretern der Christlichen und der Gewerkvereine unangenehm, sie wünschten so schnell als möglich den Marsch Schulter an Schulter mit der Sozialdemokratie zu beenden.

Es hatte sehr lange gedauert, bis die ersten Streikgelder zur Auszahlung kamen; ihre Unzulänglichkeit erregte große Unzufriedenheit unter den Streikenden; der Streik begann abzubröckeln. Aber woher Geld nehmen? Die vielfach von Magistraten, von unseren vorgeschrittenen Sozialreformern veranstalteten Kundgebungen im ganzen Deutschen Reich waren nur sehr mangelhaft ins Bare übertragen worden. Die anderen Gewerkschaften knöpften sich bis an den Hals zu, sie hielten ihre Millionen zurück unter dem Vorgeben, daß ihre Leute auch vor größeren Bewegungen ständen — das mag wahr sein, denn es gärt aller Enden unter den Arbeitern im Deutschen Reiche. Was die englischen Gewerkschaften und die katholischen Bischöfe spendeten, das war ein Tropfen auf den heißen Stein bei einem Bedürfnis von wöchentlich ungefähr 1½ Millionen Mark, wenn überhaupt irgend eine anständige Streikunterstützung hätte gezahlt werden sollen — kurz, die Kassen waren leer, die Führer sahen ein, daß dieser so leichtfertig, ohne Abwägung der Mittel unternommene Streik mit einer Niederlage rettungslos zusammenbrechen mußte.

Da erschien als Retter in der Not die Königlich preußische Staatsregierung mit ihren Verheißungen auf dem Plane. (Sehr richtig!) Am 9. Februar, am Tage, nachdem der erste Bericht über die negativen Ergebnisse der Untersuchungen veröffentlicht worden war, forderten die Führer die Arbeiter auf, bedingungslos die Arbeit wieder aufzunehmen, aber beileibe nicht, um den Streik zu beenden, sondern nur, um einen Waffenstillstand zu schließen. Diese bedingungslose Wiederaufnahme der Arbeit sollte nicht eine Niederlage sein, sondern sie wurde der Arbeiterschaft gezeigt im Lichte der besonnenen Tat des Siegers, der durch sein Zusammenhalten, durch den Ausstand die Regierung „genötigt" — das Wort „genötigt" steht in dem Aufruf — hatte, den Arbeitern entgegenzukommen und sich ihren Forderungen zu fügen. „Sollten die Versprechungen," — so hieß es in dem von den Führern erlassenen Aufruf — „die man den Bergarbeitern während des Kampfes seitens der Staatsregierung gegeben hat, nicht erfüllt, die Beschwerden unbeachtet, die Mißstände im Bergwerksbetriebe in alter Weise fortbestehen bleiben, dann behält sich die Bergarbeiterschaft vor, so einmütig, wie sie diesen Kampf geführt, aufs neue wieder den Kampfplatz zu betreten, um die Erfüllung ihrer berechtigten Forderungen zu erzwingen. Die Bergarbeiter verpflichten sich, die Stärkung ihrer Organisationen energisch zu betreiben, um jederzeit für einen neuen Kampf gerüstet zu sein. Kameraden, es ist also nur ein Waffenstillstand. Wir sind nicht besiegt, sondern wir brechen den Kampf ab! Sollten die versprochenen Gesetzesreformen nicht zustande kommen, dann wird eine neue Revierkonferenz über das weitere beschließen."

So und ähnlich lautete der Siegesjubel in der Sozialdemokratie. Allgemein konnte man lesen: die Sozialdemokratie hat die Regierung gezwungen, vor ihr zu kapitulieren, und, meine Herren, eins steht fest, die Königlich preußische Staatsregierung hat die Sozialdemokratie vor der schwersten Niederlage gerettet, die sie überhaupt jemals erleiden konnte, jemals vielleicht erleiden wird. (Lebhafte Zustimmung.)

Meine Herren, der rettungslose Niederbruch würde unzweifelhaft zur Folge gehabt haben, daß die Arbeiter die Hetzarbeit ihrer Führer erkannt, die Mißleitung eingesehen, die Hohlheit ihrer Versprechungen sich klargemacht hätten. Der rettungslose Niederbruch hätte die Wahnvorstellung, von der ich vorhin gesprochen habe, zerstört, es wäre voraussichtlich Ruhe und Frieden für lange Zeit im Bergrevier eingetreten. Meine Herren, jetzt ist das Gegenteil der Fall, jetzt ist durch das Eingreifen der Königlich preußischen Staatsregierung der Unfrieden in Permanenz erklärt. Es ist nur ein Waffenstillstand, und unter dieser Ungewißheit leidet der Bergbau.

Das ist die Einwirkung des Eingriffes der Regierung auf den Bergbau im Ruhrrevier. Wir aber haben zu überlegen, was dieser Eingriff für die Gesamtindustrie, für unsere gesamten Arbeitsverhältnisse und für unsere sozialpolitischen Zustände überhaupt zu bedeuten hat.

Meine Herren, wir können uns nicht gut beschäftigen mit denjenigen Bewilligungen der Novelle zum Berggesetz, die mehr auf bergbautechnischem Gebiete liegen und vom bergbautechnischen Gebiete aus beurteilt werden müssen. Das hatte Ihr Herr Vorsitzender eingesehen, und hat daher von einer Stellungnahme des Centralverbandes Abstand genommen. Er hat hier den Vortritt den bergbaulichen Vereinen im Deutschen Reich eingeräumt, die sämtlich ohne Ausnahme Mitglieder des Centralverbandes sind. Er hat die Delegierten dieser Vereine zu einer Beratung eingeladen, diese hat ihre Beschlüsse gefaßt, die Ihnen durch die Zeitungen wohl bekannt geworden sind. Es ist nicht erforderlich, daß ich hier weiter darauf eingehe.

Meine Herren, nur zwei Bestimmungen müssen wir hier etwas eingehender erörtern, das ist der Maximalarbeitstag und das sind die obligatorischen Arbeiterausschüsse.

Meine Herren, die Forderung des Achtstundentages auch für erwachsene Arbeiter gehört zu den ältesten und am zähesten vertretenen Forderungen der Sozialdemokratie aller Länder. Unsere Verbündeten Regierungen haben sich diesem Maximalarbeitstag für Erwachsene bisher widerstrebend gezeigt, nur ist in der Gewerbeordnung durch den § 120e der Bundesrat ermächtigt worden, in solchen Gewerben, die mit besonderen Gefahren für Gesundheit und Leben verknüpft sind, einen Maximalarbeitstag auch für erwachsene Arbeiter einzuführen, das ist der sogenannte sanitäre Maximalarbeitstag. Meine Herren, dieser Maximalarbeitstag soll nun auch im Bergbau von der Regierung eingeführt werden durch die Bestimmung einer Höchsttemperaturgrenze von + 22 Grad Celsius, eine Bestimmung, die in jedem einzelnen Falle außerordentlich schwierig zu treffen ist und infolgedessen in jedem einzelnen Falle ungemein anfechtbar sein wird. Denn, meine Herren, dieser Maximalarbeitstag soll eintreten, wenn in der Mehrzahl der einzelnen Arbeitsstellen in der Grube sich eine höhere Temperatur als + 22 Grad Celsius nachweisen läßt. Das ist eine so schwierige Aufgabe und eine so tief eingreifende Maßregel, daß man hätte glauben sollen, die Regierung würde die Verpflichtung empfunden haben, diesen maximalen Arbeitstag in der eingehendsten Weise zu begründen. Ferner kommt hinzu der erschwerende Umstand, daß nach Maßgabe des ganzen Vorkommens und der ganzen natürlichen Verhältnisse in unserm Ruhrrevier und in den anderen Bergbaubezirken diese erschwerende Bestimmung des maximalen Arbeitstages nur das Ruhrrevier treffen und den Kohlenbergbau im Ruhrrevier infolgedessen ungünstiger stellen würde als alle anderen Bergbaureviere. Dabei muß man auch vielleicht in Erwägung ziehen, daß gerade der Hauptteil des fiskalischen Bergbaues sich in Revieren befindet, in denen diese erschwerende Bestimmung nicht in Wirksamkeit treten würde. Aber, meine Herren, weil eben hier ein so schwerwiegendes Moment vorlag, darum hätte man annehmen sollen, daß die Regierung diesen maximalen Arbeitstag in eingehendster Weise begründen würde. Dazu gehört der Nachweis, daß eine Temperatur von 22 Grad Celsius oder etwas darüber gesundheitsschädlich ist. Alle derartigen Nachweise fehlen. Meine Herren, ich kann wohl sagen, daß die Begründung in dieser Beziehung sich über allgemeine Redewendungen nicht erhebt, über Redewendungen, die niemals als Beweis angesehen werden können.

Ganz abgesehen von meinem Urteil habe ich in vielfachen Verhandlungen Gelegenheit gehabt, die Ansichten sehr ernsthafter und besonnener, und im höchsten Maße sachverständiger Männer zu hören, und da kann ich zu keinem andern Urteil kommen, als daß dieser maximale Arbeitstag durchaus willkürlich konstruiert ist, konstruiert, um eben den Parteien im Abgeordnetenhause und im Reichstage, die sich zur Vorspann der Sozialdemokraten gemacht haben, ein gewisses Entgegenkommen zu zeigen. Es ist das ein hartes Urteil, meine Herren, das ich aber nicht ändern kann.

Meine Herren, was wird die Folge sein? Es werden auch in den anderen Industrien derartige Verkürzungen der Arbeitszeit gefordert werden, und die alte Forderung der Sozialdemokratie auf Einführung eines Maximalarbeitstages für erwachsene Arbeiter wird einen neuen Impuls erhalten. Es werden die Führer mit dem Thermometer auch in anderen Betrieben umhergehen, vielleicht in den Spinnereien, vielleicht in den Zuckerfabriken, vielleicht in der Landwirtschaft, und werden auf das Thermometer zeigen und sagen: was dem einen recht ist, ist dem andern billig, wir müssen doch auch den maximalen Arbeitstag haben, vorläufig den sanitären, aus dem wird dann der allgemeine Maximalarbeitstag hervorgehen. Deswegen erblicken wir in diesem Zugeständnis der Regierung eine außerordentliche Gefahr für unser ganzes wirtschaftliches Leben.

Und nun erlauben Sie mir eine kleine Zwischenbemerkung. Meine Herren, Deutschland hat sich als Staatswesen von verhältnismäßiger Armut zu einer gewissen Wohlhabenheit emporgeschwungen, die es dem Deutschen Reiche erst möglich gemacht hat, sich die höchsten Kulturaufgaben zu stellen. Ich erinnere an die Arbeiterfürsorge; ähnliches existiert auf dem Erdenrund nicht. Mit seinen gewerblichen Erzeugnissen besteht Deutschland den Wettbewerb auf allen Märkten der Welt, seine Kapitalien arbeiten im Auslande zu seiner Ehre und zu seinem Gewinn. Alles das hat Deutschland erreicht durch Arbeit, durch ernste, zähe, unablässige Arbeit; erst dadurch hat Deutschland seine Stellung als Weltmacht erobert. Nun, meine Herren, wird eine andere Heilsbotschaft verkündet, nun soll alles Heil kommen von möglichster Verkürzung der Arbeit. Meine Herren, unablässig, ausgestattet mit einem ungemein ausgebildeten Spürsinn, sind unsere Sozialreformer, in scharfer Konkurrenz mit der Sozialdemokratie, bestrebt, immer neue Gebiete aufzusuchen, in denen die Arbeitszeit verkürzt werden kann. Und wunderbar! meine Herren, unsere Regierung tut das mit. Die Verbündeten Regierungen im Reich, unsere

Staatsregierung in Preußen, sie rühmen sich, was auf diesem Gebiete schon geschehen ist, und bieten willig die Hand zur weiteren Beschränkung aller Arbeitszeiten. Die betreffenden Gesetzentwürfe schweben in der Luft. Das ist die neue Heilslehre, die ich nicht verstehen kann und Sie vielleicht auch nicht.

Meine Herren! Ein weiteres Zugeständnis betrifft die obligatorischen Arbeiterausschüsse. Seit 20 Jahren hat der Centralverband sich mit den Arbeiterausschüssen beschäftigt; zuerst bei der dritten Vorlage zum Unfallversicherungsgesetz, wobei der damalige Staatssekretär von Bötticher mit großer Zähigkeit an den Arbeiterausschüssen festhielt, bis es ganz allein der energischen Tätigkeit des Centralverbandes und seines damaligen Vorsitzenden, des Herrn Reichsrat von Haßler, gelang, diese Arbeiterausschüsse aus dem Gesetz zu entfernen. Meine Herren, sie spielten weiter eine Rolle bei der Arbeiterschutzgesetzgebung im Jahre 1892. Aber ein Antrag auf Einführung obligatorischer Arbeiterausschüsse wurde schon in der Kommission abgelehnt. Jetzt, meine Herren, sollen sie eingeführt werden.

Meine Herren! Ueber die Zweckmäßigkeit der Arbeiterausschüsse an sich sind die Ansichten im Centralverbande immer geteilt gewesen. Wo die Arbeiterverhältnisse noch ziemlich befriedigend sind, die Spannung durch sozialdemokratische Umtriebe noch keinen hohen Grad erreicht hat, da sind auch von unseren Mitgliedern, namentlich in der Textilindustrie, aber auch in vereinzelten Betrieben der schwereren Industrie, freiwillig Arbeiterausschüsse errichtet worden. Man kommt mit ihnen gut aus und ist mit ihrer Wirksamkeit im allgemeinen zufrieden. In der Mehrzahl der anderen Industrien hält man die Errichtung der Arbeiterausschüsse für schädlich. Wie gesagt, man war in dieser Beziehung geteilter Ansicht.

Aber, meine Herren, so weit meine Erinnerung reicht, bestand im Centralverband Meinungsverschiedenheit darüber niemals, daß die obligatorische Einführung der Arbeiterausschüsse entschieden zurückzuweisen und zu bekämpfen sei, denn, im Gegensatz zu dem freiwillig von dem einzelnen Arbeitgeber für den in seinem Werk beschäftigten Arbeiter gebildeten Arbeiterausschuß, wird der durch gesetzlichen Zwang verordnete Ausschuß eine öffentliche Angelegenheit, die als solche eine ganz andere, den herrschenden Tendenzen entsprechende Ausgestaltung erfordert. Dazu gehört vor allem das Wahlverfahren und die Feststellung der Befugnisse.

Den gesetzgeberischen Vorgängen entsprechend verlangt die Regierung für die jetzt im Bergbau einzuführenden obligatorischen Arbeiterausschüsse die geheime und direkte Wahl.

Die sozialdemokratischen Organisationen umfassen gegenwärtig nur eine verhältnismäßige Minderheit aller Arbeiter. Sie sind aber, dank unserer mangelhaften Gesetze, deren Besserung auf den unüberwindlichen Widerstand des Reichstags gestoßen ist, in der Lage, eine so furchtbare Schreckensherrschaft über die nichtorganisierten Arbeiter auszuüben, daß in allen mit den Gesetzen im Zusammenhange stehenden Verhältnissen nur die Organisationen und die organisierten Arbeiter in Frage kommen und maßgebend sind. Das, meine Herren, beweisen die Zustände in den Krankenkassen, den Gewerbegerichten und Gesellenausschüssen. Ueberall, meine Herren, wo es sich um die Vertretung der Arbeiter handelt, kommen nur die Organisierten, die Zielbewußten, in Betracht. Es gehört ein Optimismus dazu, der bei der Erwägung derart ernster, tief in das wirtschaftliche und soziale Leben eingreifender Fragen keinen Platz finden sollte, um zu glauben, daß es bei den Arbeiterausschüssen anders sein würde.

Nur die Sozialdemokratie wird in den obligatorischen Arbeiterausschüssen vertreten sein und sie zur Verfolgung ihrer Ziele benutzen.

Unter diesen Umständen möchte ich auf die den Arbeiterausschüssen zugewiesenen Aufgaben und Befugnisse kein großes Gewicht legen.

Meine Herren, die Regierung will, wie sie in der Begründung der Novelle sagt, den Arbeiterausschüssen eine beratende, oder besser informierende Stellung zuweisen, dem Werksbesitzer solle die ihm gebührende volle und freie Entschließung über seine Maßnahmen vorbehalten bleiben und andererseits müßten dem Arbeiterausschuß Aufgaben und Tätigkeiten übertragen werden, die ihn „vor einem zwecklosen Scheindasein bewahren und ihm eine gewisse Befriedigung gewähren". Dieses „Andererseits" in der Begründung der Regierung läßt doch wohl keine andere Deutung zu, als daß die „beratende" und „informierende" Tätigkeit von der Regierung als eine solche angesehen wird, die dem Ausschuß „eine gewisse Befriedigung" nicht bereiten könne, daher nicht geeignet sei, ihn vor einem „zwecklosen Scheindasein" zu bewahren.

Die Widersprüche in der Begründung liegen auf der Hand.

Meine Herren, in der VIII. Kommission des Reichstages, die sich im Jahre 1892 mit dem bereits erwähnten Arbeiterschutzgesetz zu befassen hatte, wurden die obligatorischen Arbeiterausschüsse auch von sozialdemokratischer Seite zurückgewiesen. Von dieser Seite wurde, nach dem Berichte der Kommission, ausgeführt, die Arbeiterausschüsse würden nicht den Mut finden, den Arbeitgebern entgegenzutreten, sie könnten sich bei ihrer materiellen Abhängigkeit dem Einfluß derselben kaum entziehen. Arbeiterausschüsse verschleierten nur den tatsächlichen Zustand, die bitteren Gegensätze der Interessen der Arbeitgeber und der Arbeiter. „Die Arbeiter als Klasse, als Stand müßten sich organisieren und als solche, getragen und gestützt durch die Massenorganisation, mit den Arbeitgebern verhandeln; nur so sei eine Verhandlung auf dem Boden der Gleichberechtigung möglich." Meine Herren, ich behaupte, die Mitglieder der Ausschüsse werden nur in diesem Sinne, somit als Vertreter der Massenorganisation ihre Aufgabe, ihr Mandat auffassen, gleichviel welcher Art ihre satzungsgemäßen Befugnisse sein mögen.

Wo, wie im Ruhrrevier, durch eine jahrzehntelange Verhetzung und durch das Eingreifen der sozialdemokratischen Organisation die Gegensätze sich bereits zur äußersten Schärfe herausgebildet haben, da werden die Ausschüsse danach streben, jenen sozialdemokratischen Grundsätzen äußerste Geltung zu verschaffen.

Meine Herren, die Ausschüsse im Kohlenbergbau werden daher nicht, wie die Regierung annimmt, zum Ausgleich und zur Beseitigung der Gegensätze führen, sondern das Gegenteil wird eintreten. Wo noch einigermaßen gute Beziehungen zwischen dem Werkbesitzer und den Arbeitern bestehen, wo noch ein gewisser Grad von gegenseitigem Vertrauen vorhanden ist, wird beides durch das Dazwischentreten der Ausschüsse unerbittlich zerstört werden, die Gegensätze werden für alle Zeit verschärft werden zum Schaden der Arbeitgeber, zum größeren Schaden der produktiven Tätigkeit und am letzten Ende zum größten Schaden der Arbeiter selbst. (Sehr richtig!)

Wie in dem Arbeiterschutzgesetz, so war s. Z. auch in dem Berggesetz vom 24. Juni 1892 von Einführung der obligatorischen Arbeiterausschüsse abgesehen worden. Nach Aufzählung der Gründe für die jetzige Einführung dieser Ausschüsse sagt die Regierung in der Begründung weiter:

> „Da es sich hier lediglich um bergbauliche Betriebe handelt, so kann sich die Erörterung auf die Prüfung der Frage beschränken, ob für den Bergbau die bei Erlaß des Arbeiterschutzes gegen eine obligatorische Einführung von ständigen Arbeiterausschüssen geltend gemachten Gesichtspunkte auch jetzt noch zutreffen."

Meine Herren, ich kann nicht umhin, diese Auffassung der Königlichen Staatsregierung, daß bei Prüfung dieser Frage nur der Bergbau in Betracht komme, als kurzsichtig und als verfehlt zu bezeichnen. Bei der außerordentlichen Bedeutung dieser Frage würde es, nach meinem Erachten, die Aufgabe einer weitblickenden und fürsorglichen Regierung gewesen sein, zunächst zu erwägen und zu prüfen, welche Einwirkungen die Einführung obligatorischer Arbeiterausschüsse im Bergbau auf die anderen Industrien und auf die Arbeiterverhältnisse im allgemeinen haben würde.

Die Einwirkung aber, meine Herren, kann nur sein, daß die Einführung der obligatorischen Arbeiterausschüsse im Bergbau die allgemeine Einführung der Arbeiterausschüsse zur Folge haben muß. Denn was man den Bergarbeitern gewährt, kann den anderen Arbeitern nicht vorenthalten werden. Das würde mit einem Wort die Organisation der Sozialdemokratie von Staatswegen und durch Gesetz bedeuten. (Sehr richtig!)

Meine Herren, im allgemeinen aber wird das Eingreifen der Königlichen Staatsregierung in den Ausstand der Bergarbeiter alle anderen Arbeiterkreise ermutigen und anspornen, den Kampf gegen die Arbeitgeber nun erst recht aufzunehmen. An der Verhetzung fehlt es ja auch in den anderen Industrien und Bezirken nicht. Die Führer werden sich sagen, je größer, verheerender und vernichtender der Kampf organisiert und geführt wird, mit um so größerer Gewißheit kann auf das Eingreifen der Regierung zu Gunsten der Arbeiter gerechnet werden.

In welche Stellung aber die Regierung kommen wird, wie sehr ihr Ansehen und ihre Autorität leiden muß, gleichviel ob sie die Forderung, wieder einzugreifen, abweist, oder ob sie, auf dem jetzt eingeschlagenen Wege fortschreitend, sich auch weiter an die Seite der kämpfenden Sozialdemokratie gegen die Arbeitgeber stellt, das kann sich jeder selbst denken und ausmalen.

Vor allem aber, meine Herren, ist zu beklagen, daß durch die Aktion der Königlichen Staatsregierung das Ansehen und die Anziehungskraft der Sozialdemokratie sowie der ganzen sozialdemokratischen Bewegung eine Stärkung erfahren hat, wie nie zuvor. Denn mit unerschütterlicher Kraft wird von der Sozialdemokratie in allen Arbeiterkreisen die Ueberzeugung verbreitet werden, daß durch die Größe und Gewalt des Ausstandes die Regierung zum Eingriff genötigt worden sei, daß sie gezwungen worden sei, vor der Sozialdemokratie zu kapitulieren. (Sehr richtig!)

Meine Herren, der Centralverband ist bei der Beurteilung aller die Arbeiterverhältnisse betreffenden Fragen stets von dem, für ihn unverrückbaren Standpunkt ausgegangen, daß der Arbeitsvertrag innerhalb der von dem Gesetz gezogenen Grenzen, der Gegenstand vollkommen privater Abmachung zwischen dem Arbeitgeber und dem Arbeiter sein muß. Nur bei dieser Auffassung und ihrer unweigerlichen Durchführung wird dem Arbeitgeber diejenige Stellung in unserem wirtschaftlichen Organismus gewahrt werden können, die er einnehmen muß, wenn durch das Zusammenwirken von Intelligenz, Kapital und Arbeit in dem Rahmen der bestehenden Staats- und Wirtschaftsordnung die notwendige höchste Wirkung erzielt werden soll.

Meine Herren, wird dem Arbeitgeber diese Stellung genommen, so wird sicher nur derjenige sich in die anders geartete Stellung finden, der es absolut muß. Wer es nicht muß, wird vorziehen, sich und sein Kapital von der produktiven Tätigkeit zurückzuziehen zum Schaden und Nachteil unserer ganzen wirtschaftlichen Entwickelung.

Aus jenem Grundsatze, der von niemand mit solcher Schärfe und Ueberzeugungskraft wiederholt vertreten worden ist, wie von unserem früheren Vorsitzenden, Herrn Geheimrat Jencke, aus jenem Grundsatz folgt aber auch unabweislich, daß, wenn es wegen der Bedingungen des Arbeitsvertrages, oder um sogenannte Machtfragen zu Meinungsverschiedenheiten beziehungsweise zu Kämpfen zwischen dem Arbeiter und dem Arbeitgeber kommt, die Schlichtung des Streites eine Angelegenheit ist, die lediglich zwischen den beiden Parteien ausgetragen werden muß.

Meine Herren, das erfordert auch das öffentliche Interesse. Denn das Eingreifen der Regierung in den Ausstand der Bergarbeiter hat das Verhältnis zwischen den Arbeitern und Arbeitgebern nur verschlechtert, es hat für unabsehbare Zeit Unruhe und Unsicherheit in einem der bedeutendsten, die Grundlage für alle anderen Industrien bildenden Gewerbe geschaffen. Dieser höchst bedauerliche Zustand wird und muß die Produktionsbedingungen des Bergbaues ungünstig beeinflussen und damit auch ungünstig auf die anderen Industrien zurückwirken. Die verhängnisvollen Folgen werden unzweifelhaft überall eintreten, wo der Staat sich störend in den Verlauf der Verhältnisse zwischen Arbeiter und Arbeitgeber einschiebt.

Meine Herren, aus allen diesen Gründen hat das Direktorium mit einmütiger Zustimmung des Ausschusses beschlossen, mich zu ermächtigen, die Resolutionen vorzulegen, die Ihnen wohl allen übergeben worden sind. Mit ihnen werden Sie aufgefordert, Stellung zu nehmen gegen das Eingreifen der Königlichen Staatsregierung in die Streitigkeiten zwischen den Arbeitgebern und den Arbeitern.

Ich hoffe, meine Herren, daß Sie meine ernste Bitte, die ich beim Eingange der Besprechung dieses dritten Punktes meines Vortrages an Sie gerichtet habe, befolgen werden, daß Sie die Notwendigkeit anerkennen werden, diese hochbedeutungsvolle Angelegenheit nur und allein von dem Standpunkt des industriellen Arbeitgebers aus zu beurteilen.

Damit bin ich endlich, meine Herren, an den Schluß meiner Ausführungen gekommen. Ich habe zu Hause noch ein sehr umfassendes Material liegen über bedeutungsvolle Ereignisse in dieser Periode, über die ich eigentlich noch zu berichten hätte. Aber es ist natürlich ausgeschlossen, daß ich heute weitere Fragen hier behandele. Erinnern möchte ich Sie in dieser Beziehung nur an die 20 Resolutionen, die in dieser Session des Reichstages eingebracht worden sind in Bezug auf die Behandlung sozialer Fragen, ich erinnere Sie an die unendlichen Reden, die mit Bezug auf diese 20 Resolutionen im Reichstag gehalten worden sind und die eine so reiche Ausbeute an Material für unsere jetzigen Zustände geben. Ich erinnere Sie an die ausgesprochene Absicht der Regierung, die Arbeiter in Arbeits- oder Arbeiterkammern zu organisieren. Ich erinnere Sie weiter an die feststehende Absicht des Herrn Staatssekretärs, die Frage unserer jetzigen Arbeiterversicherungsgesetzgebung dadurch wieder aufzurollen, daß er sich unverrückbar das Ziel gesteckt hat, die Zusammenlegung der drei verschiedenen Arten der Arbeiterversicherung durchzuführen. Außerdem liegt noch vieles andere vor.

Ich muß darauf verzichten, meine Herren. Wir werden jedenfalls in diesem Jahre im Herbst eine zweite Delegiertenversammlung abhalten müssen. Vielleicht werde ich dann in der Lage sein, wenn mir die gütige Vorsehung das Leben noch weiter schenken sollte, und Sie mich noch länger hier in dieser Stellung belassen, trotz meines hohen Alters, Ihnen über diese Verhältnisse einen hoffentlich dann viel kürzeren Vortrag zu halten. Für heute, meine Herren, würde es mir zur größten Befriedigung gereichen, wenn ich diese drei hauptsächlichsten Punkte im Sinne wenigstens der großen Mehrzahl der Herren Delegierten behandelt hätte. (Lebhafter Beifall.)

Meine Herren, ich werde eben darauf aufmerksam gemacht, daß ich eine Sache, die gestern in unserm Direktorium behandelt worden ist, vergessen habe. Das Material war so umfangreich, daß Sie mir das verzeihen werden.

Meine Herren, diejenigen unserer hochverehrten Mitglieder, die in der Ausschußsitzung am 2. Dezember v. J. anwesend waren, werden die Güte haben, sich zu entsinnen, daß ich einige Aeußerungen über unsere Flotte gemacht habe, insofern, als der Flotten-Verein den Centralverband aufgefordert hatte, eine Demonstration zu Gunsten der Einbringung einer neuen Flottenvorlage zu veranstalten.

Meine Herren, das Direktorium war zu der Entschließung gelangt, diesem Ansinnen nicht Folge zu geben (Vorsitzender: Zur Zeit!) — zur Zeit, jawohl, ich komme gleich darauf.

Meine Herren, ich habe damals erinnert an die große Flottenkundgebung, die vom Centralverband noch unter dem Vorsitz des Herrn Reichsrats von Haßler hier in diesen Räumen stattgefunden hat. Diese Versammlung war so besucht, daß die Leute bis vor den Türen standen. Meine Herren, ich glaube, daß jene Flottenkundgebung eine nicht unwesentliche Einwirkung auf die Majoritätsparteien im Reichstag ausgeübt und damit zur Annahme der damaligen Flottenvorlage beigetragen hat.

Auf der Delegiertenversammlung am 2. Dezember 1901 sprach ich mich in eindringlichster Weise für die Notwendigkeit der Vermehrung unserer Flotte, für die Notwendigkeit einer starken Rüstung zur See aus, und es muß mir wohl gelungen sein, eine gewisse Begeisterung in die Versammlung hineinzutragen, da aus ihr heraus ohne sonstige Anregung vom Herrn Generaldirektor Oechelhäuser ein Telegramm an den Kaiser aufgesetzt wurde, in dem unsere Ansichten in der Flottenfrage in vollstem Maße zum Ausdruck gelangten. Wir haben ein sehr huldvolles Antworttelegramm von Sr. Majestät dem Kaiser erhalten. Ich mache auf alles dies aufmerksam, um zu zeigen, daß wir keine Gegner der Flotte sind, im Gegenteil, daß wir außerordentlich begeistert sind und kaum weniger von der Notwendigkeit einer starken Rüstung zur See überzeugt sind, als irgend ein anderer, als der Vorsitzende vom Flotten-Verein selbst.

Aber, meine Herren, das Direktorium hielt es nicht für richtig, ohne irgend einen Anhaltspunkt, ohne eine Vorlage der Regierung, ohne eine Kundgebung der Regierung, daß sie überhaupt geneigt sei, jetzt eine Flottenvorlage zu bringen, eine derartige Demonstration zu veranstalten. Das wäre gleichbedeutend, meine Herren, mit dem kurzen Wort: wir hätten unser Pulver wirkungslos verschossen, und wir hätten eine Wirkung vorweggenommen, die späterhin am Platze sein wird, wenn es einmal darauf ankommen wird, wirkungsvoll eine Vorlage der Regierung zu unterstützen. (Sehr richtig!)

Meine Herren, diese Stellungnahme in der Sitzung des Ausschusses am 2. Dezember v. J. ist namentlich von unseren Gegnern dahin mißdeutet worden, als wenn wir Gegner der Vermehrung der Flotte wären. Es ist das eine bewußte Verdrehung gewesen, die Platz gegriffen hat in Vereinen und, wie gesagt, in der Presse. Gestern hat mich das Direktorium ermächtigt, heute — ich habe die Gelegenheit in meinem Vortrage verpaßt nnd hole das hier nach — hier zu erklären, daß alle jene gegnerischen Darstellungen, die den Centralverband und seine leitenden Kräfte als Gegner, als laue Freunde einer Vermehrung unserer Seemacht darstellen wollen, sich einer lügenhaften Unterstellung bewußt sein sollten. Es handelt sich um verleumderische Unterstellungen, die ich aufs entschiedenste zurückweisen muß. (Beifall.)

Vorsitzender: Meine Herren, Sie haben durch den Applaus zu den Ausführungen des Herrn Generalsekretärs den Dank schon bekundet, welchen Sie ihm für den vortrefflichen Vortrag zollen wollen. Meine Herren, der Herr Generalsekretär Bueck hat die Hoffnung und den Wunsch ausgesprochen, auch im nächsten Herbst noch wieder uns einen Vortrag halten zu dürfen. Mit ihm, meine Herren, teilen wir alle diesen Wunsch, aber nicht nur für den nächsten Herbst, sondern noch für eine ganze Reihe von Jahren. (Beifall.) (Generalsekretär Bueck: Sehr liebenswürdig.)

Meine Herren, die Art des Vortrages, der Inhalt des Vortrages ist so gewesen, daß jedermann sich sagen muß, hier sind die 75 Jahre vollständig spurlos an Herrn Bueck vorübergegangen. (Zustimmung und Beifall.)

Meine Herren, ich möchte nun vorschlagen, die Verhandlung in drei Abschnitten zu führen. Ich möchte Sie bitten, die Berggesetznovelle vorweg zu nehmen, alsdann die Handelsverträge und in dritter Linie die wasserwirtschaftliche Vorlage.

Wenn Sie damit einverstanden sind, werden wir also mit der Verhandlung über die Berggesetznovelle beginnen, und ich stelle dabei gleichzeitig die Beschlußanträge zur Diskussion. Ich bitte Herrn Bueck, sie zu verlesen.

Generalsekretär **Bueck:** Die Beschlußanträge lauten:

I. Der Centralverband Deutscher Industrieller ist bei Beurteilung aller das Arbeitsverhältnis betreffenden Fragen von dem für ihn unverrückbaren Standpunkt ausgegangen, daß der Arbeitsvertrag, innerhalb der von dem Gesetz gezogenen Grenzen, den Gegenstand vollkommen privater Abmachung zwischen dem Arbeitgeber und dem Arbeiter bilden muß.

II. Nur bei dieser Auffassung und ihrer unweigerlichen Durchführung wird dem Arbeitgeber diejenige Stellung in dem wirtschaftlichen Organismus gewahrt werden können, die er einnehmen muß, wenn durch das Zusammenwirken von Intelligenz, Kapital und Arbeit in dem Rahmen der bestehenden Staats- und Wirtschaftsordnung die erwünschte und notwendige höchste Wirkung erzielt werden soll.

III. Dieser Standpunkt bedingt ferner, daß, wenn es wegen der Bedingungen des Arbeitsvertrages oder wegen anderer, das Arbeitsverhältnis betreffenden Fragen zu Meinungsverschiedenheiten oder zum Streit zwischen den Arbeitern und dem Arbeitgeber kommt, die Differenz zwischen den beiden beteiligten Parteien unter sich zum Austrag gebracht werden muß.

IV. Von diesen Gesichtspunkten bedauert der Centralverband die Haltung, die von der Königl. Staatsregierung bei dem letzten großen Ausstand der Kohlenarbeiter im Ruhrrevier eingenommen worden ist. Er bedauert lebhaft, daß die Königl. Staatsregierung durch die Einbringung der Novelle zum Berggesetz die Absicht verwirklichen will, weiter, als es bisher schon geschehen ist, durch Gesetz in die Feststellung der Bedingungen des Arbeitsvertrages einzugreifen.

V. Insbesondere hält sich der Centralverband für verpflichtet, Einspruch gegen die Absicht der Königl. Staatsregierung zu erheben, einen, dem Sinne des § 120e der Reichs-Gewerbe-Ordnung nicht entsprechenden sanitären Maximalarbeitstag für erwachsene Arbeiter zu konstruieren. Damit würde der sozialdemokratischen, von den Verbündeten Regierungen bisher bekämpften, auf die Einführung eines allgemeinen Maximalarbeitstages für erwachsene Arbeiter gerichteten Forderung Vorschub geleistet und eine schwere Gefährdung unseres Wirtschaftslebens näher gerückt werden.

VI. Einspruch muß der Centralverband ferner erheben gegen die obligatorische Einführung von Arbeiterausschüssen in den Bergbaubetrieben; diese Maßregel würde nicht auf den Bergbau beschränkt werden können, sie würde vielmehr über kurz oder lang auf alle industriellen Betriebe ausgedehnt werden müssen.

Der Centralverband nimmt nicht gegen die Arbeiterausschüsse Stellung, soweit sie von den Arbeitgebern, nach Maßgabe ihrer besonderen Verhältnisse, freiwillig eingeführt werden. Die obligatorische Einführung von Arbeiterausschüssen muß der Centralverband aber entschieden zurückweisen, weil, nach den bisher auf ähnlichen Gebieten gemachten Erfahrungen, in ihnen nur die sozialdemokratisch oder sonst organisierten Arbeiter Platz finden und damit tatsächlich die Arbeiterausschüsse Organe der Arbeitervereinigungen werden würden. Die obligatorische Einführung der Arbeiterausschüsse würde die staatliche Organisation der Sozialdemokratie bedeuten.

VII. Stellung zu denjenigen Bestimmungen der verschiedenen von der Königl. Staatsregierung dem Landtage vorgelegten Novellen zum Berggesetz zu nehmen, die mehr eine Beurteilung vom Standpunkte der Bergbautechnik erfordern, insbesondere auch zu den Gesetzvorschlägen betr. die Verhinderung der Stillegung von Zechen hat der Centralverband den ihm als Mitglieder angehörigen Bergbauvereinen überlassen.

Im allgemeinen muß der Centralverband den Eingriff der Königl. Staatsregierung in den Ausstand der Bergarbeiter beklagen, weil er die Arbeiter verhindert hat, die schweren Schädigungen zu erkennen, die ihnen durch die Agitation und Verhetzung wie durch die Vorspiegelungen der Führer der sozialdemokratischen und sonstigen Arbeiterorganisationen bereitet worden sind, weil das Ansehen und die Anziehungskraft der Sozialdemokratie eine Stärkung und Steigerung erfahren hat, wie noch bei keiner anderen Gelegenheit, und weil die Gesamtwirkung der staatlichen Einmischung in der Erhaltung von Unruhe und Unfrieden und damit in Verschlechterung der Arbeiterverhältnisse im Ruhrrevier für unabsehbare Zeit bestehen wird.

Vorsitzender: Ich gebe nunmehr Herrn Geheimrat Kirdorf das Wort.

Geheimer Kommerzienrat **Kirdorf**-Gelsenkirchen: Nach den lichtvollen Ausführungen des Herrn Bueck beabsichtige ich nicht, zur Sache zu sprechen. Ich kann das nur insofern, als ich von meinem Standpunkt aus mit Herrn Bueck und dem Direktorium und dem Ausschuß diese Beschlußanträge zur Annahme empfehlen möchte.

Mich veranlaßt nur der Umstand, das Wort zu ergreifen, daß ich auf zwei tatsächliche Irrtümer aufmerksam machen wollte, die in dem Bericht des Herrn Bueck enthalten sind, weil ja dieser Bericht nach unserer Gewohnheit vollinhaltlich zum Abdruck kommen wird und ich diese Irrtümer nicht gern unberichtigt dort verewigt sehen möchte.

Zunächst hat Herr Bueck darauf hingewiesen, daß der Ausstand, der Streik, auf Bruchstraße seinen Anfang genommen hat wegen Aenderung der Arbeitszeit. Ich glaube, das ist nur ein Sprechfehler; es handelt sich um Aenderung der Seilfahrtzeit.

Dann hat Herr Bueck gesagt, daß von Bruchstraße die erste Bewegung auf die Zeche Herkules übergegangen sei, die demselben Besitzer angehöre. Auch das ist ein Irrtum. Besitzerin von Bruchstraße ist die Aktiengesellschaft Luise Tiefbau, an deren Spitze der Vorsitzende des Aufsichtsrats, Herr Hugo Stinnes steht, und das hat Herr Bueck wohl gemeint. (Generalsekretär Bueck: Ja.) Herr Hugo Stinnes ist ja bei diesen Erörterungen über den Ausstand vielfach in den Vordergrund gedrängt. Er ist wohl Vorsitzender des Aufsichtsrates, aber als Besitzer in keiner Weise anzusprechen, da sein geldliches Interesse an Bruchstraße ein höchst geringes ist. Er hat nur im Interesse von Freunden die Gesundung dieses an sich lebensfähigen, aber gänzlich ertraglosen Unternehmens in die Hand genommen. Die Besitzerin von Herkules ist die Gewerkschaft Herkules, an deren Spitze Herr Kommerzienrat Funke in Essen steht.

Ich wollte diese tatsächliche Berichtigung in der Veröffentlichung gern festlegen.

Vorsitzender: Meine Herren, darf ich bitten, sich zum Wort zu melden.

Wenn das nicht geschieht, nehme ich an, daß Sie ohne weitere Diskussion die Ihnen vorgeschlagenen Beschlußanträge annehmen.

Ein Widerspruch findet nicht statt. Ich konstatiere die einstimmige Annahme der Ihnen durch den Ausschuß einstimmig vorgelegten Beschlußanträge.

Meine Herren, wir kommen zum zweiten Gegenstand des Vortrages des Herrn Bueck, zu den Handelsverträgen. Hierfür sind einzelne Spezial-Berichterstatter gebeten worden, die einzelnen Industriebranchen vorzuführen.

Herr Dr. Beumer wird die Güte haben, über Groß-Eisen- und Maschinenindustrie zu sprechen.

Reichstagsabgeordneter Dr. **Beumer**-Düsseldorf: Meine Herren, bei den interessanten und eingehenden Ausführungen meines hochverehrten Herrn Kollegen Bueck ist Ihre Zeit berechtigter Weise so sehr in Anspruch genommen worden, daß ich mich bei dem großen Material, das mir bezüglich des Einflusses der Handelsverträge auf die Groß-Eisen- und Stahlindustrie und in Vertretung meines, leider am Erscheinen verhinderten Kollegen Dr.-Ing. Schrödter auch auf die Maschinenindustrie zugewiesen worden ist, der größtmöglichsten Kürze befleißigen will.

Ich habe schon im Reichstag am 13. Februar 1905, als die Vertreter der Verbündeten Regierungen versuchten, die Verhältnisse so darzustellen, daß nicht allein die gegenwärtige Stärke der deutschen Industrie geeignet erscheine, die schädlichen Einflüsse der neuen Handelsverträge zu überwinden, sondern daß auch eine ganze Reihe von Konzessionen auf dem Gebiete der Tarife erreicht worden wäre, die bei dieser Rechnung angewandte Methode bekämpft. Ich habe dargelegt, daß es falsch sei, zu sagen, so und soviel Prozent seien in den Verhandlungen erreicht worden; denn teilweise handelt es sich dabei um eine derartige Rechnung, daß beispielsweise bei 60 pCt. 5 abgehandelt wurden, während die übrig gebliebenen 55 pCt. doch noch prohibitiv wirken. Da kann von erreichten Zugeständnissen doch ernstlich keine Rede sein.

Dies im allgemeinen vorangeschickt, habe ich auch noch hervorgehoben, daß man bei der Beurteilung des Einflusses in erster Linie auch die auswärtigen Zölle in Rücksicht ziehen müsse und daß sich da vielfach ganz exorbitante Erhöhungen der auswärtigen Zölle ergeben, die damals, als die vielen Reden im Reichstag zur Beurteilung der Handelsverträge gehalten wurden, weder im Lande noch im Reichstag genügend bekannt waren, von den Vertretern der Verbündeten Regierungen aber geflissentlich verschwiegen wurden.

Was nun insbesondere die Verhältnisse in der Eisenindustrie anbelangt, so sind beispielsweise im russischen Vertrage die Sätze für verarbeitete Gußwaren und verarbeitete Eisen- und Stahlwaren von 2,10 auf 4,20 Rubel, d. h. auf 55,31 M. für 100 kg erhöht worden. Dieser Zoll, meine Herren, übersteigt in den meisten Fällen den Wert der Ware selbst. Auch für Bleche sind weitere Zollerhöhungen zugestanden, die bei dünnen Blechen 25 pCt. betragen. Damit wird die Ausfuhr dieser Bleche nach Rußland zum Teil unmöglich.

Oesterreich-Ungarn gegenüber ist das krasse Mißverhältnis hoher dortiger Zölle gegenüber niedrigen deutschen Zöllen wiederum in ganz bedeutender Weise verschlimmert worden. Ich habe die Sache in Prozenten ausgerechnet und kann feststellen, daß sich der österreichische Zoll höher als der deutsche stellt bei Luppeneisen- und Ingots um etwa 75 pCt., bei Stabeisen um 100 pCt., für rohe Platten und Bleche um 200 pCt., für verfeinerte Platten und Bleche um 100 bis 200 pCt., bei Draht um 100 bis 200 pCt., bei Eisenkonstruktionen um 100 pCt., bei Eisenbahnachsen und Radreifen um 200 und bei Eisenbahnrädern und Achsen sogar um 250 pCt.

Noch schlimmer als die Groß-Eisen- und Stahlindustrie wird aber der Maschinenbau durch die neuen Handelsverträge geschädigt. Das mögen die nachfolgenden Beispiele zeigen, die ich damals in Verbindung mit meinem hochverehrten Kollegen Herrn Dr. Schrödter ausgerechnet habe. Es beträgt nach den neuen Verträgen für eine Maschine von 3000 Pferdestärken, die ein Gewicht von 261,4 Tonnen hat, der deutsche Zoll 9149 M., der österreichisch-ungarische 39 994 und der russische Zoll 110 153 M. (Bewegung), der schweizerische Zoll 10 456 und der italienische 25 004 M., d. h. meine Herren, in Worte übersetzt: Oesterreich erhebt mehr als den vierfachen Zoll, Rußland mehr als den zwölffachen, Italien erhebt mehr als den doppelten Zoll und die Schweiz ca. 12 pCt. mehr als Deutschland in diesem Falle.

Ein zweites Beispiel: Für eine Dampfmaschine von 1600 Pferdestärken mit einem Gewicht von 226 t beträgt der deutsche Zoll 7910 M., der österreich-ungarische 34 578 M., der russische 95 236 M., der schweizerische 9040 M., der italienische 24 404 M. Für eine 3000 t-Schmiedepresse — das ist das dritte Beispiel, mit dem ich schließen will — im Gewichte von 335,4 t beträgt der deutsche Zoll 13 416 M., der österreich-ungarische 59 868 M. und der russische 185 509 M., der schweizerische 13 416 M., der italienische 24 148 M. Das heißt, in diesem Falle erhebt Oesterreich das 4½fache, Rußland das 14fache des deutschen Zolles. Ganz ähnliche Verhältnisse ergeben sich bei dem Zoll auf große Kalander zur Papierfabrikation sowie auf Chromotypieschnellpressen. Meine Herren, in die schwierigste Lage wird auch der deutsche Werkzeugmaschinenbau gelangen, der ja schon bisher unter der ausländischen Konkurrenz sehr schwer zu leiden hatte.

Das ganze Elend, in welches der deutsche Maschinenbau durch die neuen Verträge hineinkommt, wird dann noch größer werden, wenn unser Verhältnis zu den Vereinigten Staaten von Nordamerika nicht einer gründlichen Revision unterzogen wird. Allerdings, meine Herren, besteht ja die Hoffnung, daß dies geschehen wird.

Wenn Sie für die Beispiele, die ich eben angeführt habe, die jetzigen Zollsätze der Vereinigten Staaten aufrechnen, so wird in Deutschland, wie ich schon sagte, für eine 3000pferdige Maschine 9149 M. Zoll erhoben, in Amerika aber 109 381 M., für die 1600 pferdige Maschine in Deutschland 7910 M., in Amerika 59 100 M., für eine 3000 t-Schmiedepresse in Deutschland 13 410 M. und in Amerika 97 500 M.

Es wird bei diesen exorbitanten Zollsätzen noch interessieren, die Werte der Maschinen zu hören. Die Dampfmaschine von 3000 Pferdestärken ist im allgemeinen im Verkaufspreis wohl richtig veranschlagt mit durchschnittlich 230 000 M., eine solche von 1600 Pferdestärken mit 120 000 M. und eine 3000 t-Schmiedepresse mit 200 000 M.

Nun, meine Herren, hat der Herr Generalsekretär Bueck mit vollem Recht hervorgehoben, daß wir mit einem zu wenig scharfen

Rüstzeug in diesen Kampf hineingegangen sind. Gerade an der Hand der eben erwähnten Beispiele habe ich schon in der Zollkommission des Reichstags bei dem Maschinenbau darauf hingewiesen, daß die Sätze des autonomen Tarifes, wie er uns in dieser Kommission vorlegt war, nicht genügten. Statt dessen hat man ab irato für den Maschinenbau die Sätze vielfach herabgesetzt, und es ist dann durch den auch von Herrn Kollegen Bueck mit Recht gestreiften Antrag Kardorff in einer Weise über den deutschen Maschinenbau — ich möchte sagen — der Stab gebrochen worden, daß daraus sich diese Verhältnisse, wie ich sie Ihnen vorgetragen, herausgestellt haben.

Meine Herren, ich kann bezüglich dieses Teiles unserer vaterländischen Industrie nur wiederholen, was ich dem Herrn Staatssekretär im Reichstage erwiderte, als er sagte, ein Handelsvertragsgeschäft gleiche einem Skatspiel, und bei diesem Spiel habe Deutschland verschiedene Atoutstiche bekommen. Ich habe ihm erwidert, die Maschinenindustrie habe nicht allein keine Stiche bekommen, sondern sei aufs gründlichste in den Skat hineingelegt worden. (Heiterkeit.) Ich kann nur wünschen, daß die Maßregeln, die mein verehrter Kollege Bueck als nötig und nützlich für die Besserung unserer Verhältnisse hervorgehoben hat, dazu beitragen mögen, daß unser Maschinenbau auf die Dauer aus dem Skat wieder herauskommt. (Zustimmung.)

Vorsitzender: Es wird nun Herr Syndikus Gerstein die Güte haben, über die Kleineisenindustrie zu referieren.

Handelskammersyndikus **Gerstein**-Hagen: Meine Herren, als Herr Generalsekretär Bueck bei mir anfragte, ob ich über die voraussichtlichen Folgen der Handelsverträge für die Kleineisenindustrie und Stahlwarenindustrie hier sprechen wolle, habe ich um so lieber mit Ja geantwortet, als diese Gewerbezweige seinerzeit bei der Vorbereitung der Handelsverträge auch eine rege Vertretung ihrer Interessen im Centralverbande gefunden haben. Wir haben es damals sehr dankbar anerkannt, daß der Centralverband sich dieser Interessen in der Weise angenommen hat, wie es tatsächlich geschehen ist.

Bei den Verhandlungen wurde von vornherein angenommen, daß die Zölle für Roheisen und Walzfabrikate nicht geändert werden sollten, und es wurde dann nach dem Grundsatz, daß der Schutz der nationalen Arbeit zu erstreben sei, ermittelt, welche Weiterverarbeitung stattfinden müsse, um zu den einzelnen Waren zu gelangen. Entsprechend der hierfür aufgewandten Arbeit wurden dann die staffelweise erhöhten Zölle der Reichsregierung vorgeschlagen.

Die Regierung selbst hat indes diesen Grundsatz des Schutzes der nationalen Arbeit nicht in dem Maße anerkannt, wie es von hieraus vorgeschlagen worden ist. Es wurden schon in der Vorlage an den Reichstag mehrere Zollsätze ganz erheblich niedriger eingesetzt, als sie von den verschiedenen Interessentenvereinigungen als notwendig bezeichnet waren, und zum Schlusse kam dann im Reichstage der von den beiden Vorrednern auch schon erwähnte Antrag Kardorff zur Annahme und ermäßigte sogar die Zölle noch unter diejenigen Sätze, welche in dem bisher geltenden Tarif vorgesehen waren.

Ich will Sie nicht mit sehr vielen Ziffern hier ermüden, sondern nur einzelne Beispiele herausgreifen. Es wurden z. B. Spaten und Schaufeln, die jetzt mit 10 M. geschützt sind, auf $4^1/_2$ M. herabgesetzt. Für Heu- und Düngergabeln, bei denen schon jetzt eine erhebliche Einfuhr aus Amerika stattfindet, beträgt der bisherige Zollsatz 10 M., er wurde auf $7^1/_2$ M. herabgesetzt. Sensen wurden früher je nach der Politur mit 10 bis 24 M. verzollt, später durchschnittlich mit 10 M. Am auffälligsten war die Behandlung der Position 825 des deutschen Zolltarifes, worin die Drahtwaren genannt sind. Die Landwirtschaft ist an dieser Position mit einem sehr kleinen Teile interessiert, mit Drahtseilen für Dampfpflüge, Stacheldraht und dergleichen, in dieser Position sind aber auch alle Schrauben und Nieten unter 13 mm Durchmesser enthalten; die ganze Position, welche bisher einen Zollsatz von 10 bis 24 M. gehabt hat, wurde auf durchschnittlich 8 M. herabgesetzt.

Die Zollsätze für die Rohmaterialien wurden nicht ermäßigt, und daraus werden wir wahrscheinlich für die späteren Jahre Bestrebungen heranwachsen sehen, die auch ich persönlich außerordentlich bedauern würde. Es ist zu befürchten, meine Herren, daß weite Kreise der Fertigwarenindustrie in dieser Herabsetzung der Zölle für die Fertigwaren unter Aufrechterhaltung der Zölle für die Rohmaterialien eine Benachteiligung ihrer Interessen finden, und es ist zu befürchten, daß wir bei späteren Zollvertragsverhandlungen nicht in der Weise einmütig vorgehen können, wie es zu unserer Freude das letzte Mal der Fall gewesen ist, während bekanntlich auch bei den letzten Verhandlungen sich in anderen Kreisen Freihandelsbestrebungen geltend gemacht haben. Der Keil, der jetzt schon in die Industrie und in den Handel hineingeschoben ist, wird hierdurch noch tiefer hineingetrieben, und es wird ein Interessengegensatz der verschiedenen Gewerbezweige hierdurch künstlich vergrößert.

Zu dem wahrscheinlich vermehrten Wettbewerb im Inlande kommt nun, meine Herren, was Herr Dr. Beumer Ihnen schon eben angeführt hat: die kolossale Erhöhung der Auslandszölle. Ich will Sie nicht mit Beispielen noch lange aufhalten; die Zölle nach Rußland, nach Oesterreich sind derartig erhöht worden, daß eine Ausfuhr der Fertigwarenartikel in sehr vielen Gewerbezweigen nicht mehr möglich sein wird. Schon jetzt sehen wir vielfach Bestrebungen im Gange, die deutsche Industrie ins Ausland zu verpflanzen, wie es ja auch nach den früheren Verträgen der Fall gewesen ist; namentlich nach Oesterreich sind damals einzelne Gewerbezweige ausgewandert und ebenso nach Rußland. Deutsche Intelligenz, deutsches Kapital und deutsche Arbeiter werden voraussichtlich der deutschen Industrie die Konkurrenz im Auslande machen. Wieweit dazu die neuere Entwickelung des Syndikatswesens beigetragen hat, sollen wir heute nicht erörtern; vielleicht finden wir morgen Gelegenheit, uns auch darüber noch etwas zu unterhalten.

Meine Herren, die Regierung hat nun bei jeder Gelegenheit gesagt, daß sie zur deutschen Industrie das Vertrauen habe, sie werde auch diese neuere Entwickelungsphase überwinden. Bei dem Essen, das sich an den letzten Deutschen Handelstag anschloß, hat der Herr Handelsminister noch in diesem Saale uns auch in solcher Weise zu beruhigen versucht. In den Kreisen der Eisen- und Stahlwarenindustrie hört man diese Beruhigungsworte wohl, aber es fehlt uns der Glaube, daß sie zutreffend sind. Wir sehen mit sehr schweren Befürchtungen der Entwickelung der nächsten Jahre entgegen.

Vorsitzender: Meine Herren, bevor ich das Wort weiter erteile, gestatten Sie mir, Ihnen eine traurige Mitteilung zu machen. Soeben kommt ein Telegramm an mit der Mitteilung, daß Herr Geheimer Kommerzienrat Karl Lueg in Düsseldorf verschieden ist.

Meine Herren, Herr Geheimrat Lueg war seit Beginn des Centralverbandes einer der intensivsten Förderer des Centralverbandes und der mit ihm verbundenen Interessen. Wir alle werden es schmerzlichst empfinden, ihn in unserer Mitte nicht wieder sehen zu können. Wir alle werden ihm ein treues Andenken bewahren und bitte ich Sie, meine Herren, sich zu Ehren des Verstorbenen von Ihren Sitzen zu erheben. (Geschieht.)

Ich gebe nun das Wort Herrn Scherenberg, welcher über die Halbseidenindustrie referieren wird.

Handelskammersyndikus **Scherenberg**-Elberfeld: Meine Herren! Nach Ansicht aller Beteiligten dürfte die Seidenindustrie des Niederrheins durch die im Handelsvertrag mit der Schweiz erfolgte Herabsetzung des deutschen Zolles für die Position 405: dichte Gewebe, anderweit nicht genannt: ganz aus Seide auf 450 M. statt 600 M. (bisheriger Vertragszoll) und 800 M. (allgemeiner Zoll) und teilweise aus Seide auf 350 M. statt 450 M. (bisheriger Vertragszoll und allgemeiner Zoll) schwer geschädigt werden. Diese **Herabsetzung** unseres Zolles auf ganz- und halbseidene Stoffe um ein **Viertel**, wie sie sämtlichen Vertragsstaaten gegenüber in Aussicht genommen ist, erleichtert dem Auslande die Einfuhr nach Deutschland in erheblichem Maße, da diese Herabminderung 2 bis 3 pCt. vom Werte der Ware bei Ganzseide und 3 bis 4½ pCt. bei Halbseide ausmacht. Das ist ein Unterschied, der das Inlandsgeschäft für die heimische Seidenindustrie ganz außerordentlich erschweren und den Betriebsunternehmern sowie auch der Arbeiterschaft nicht geringe Opfer auferlegen wird. Und neben dieser Erschwerung des Inlandsgeschäfts erfährt andererseits die Ausfuhr der deutschen Seidenindustrie durch die neuen Handelsverträge resp. Auslandstarife nach keiner Richtung hin eine Erleichterung, sondern im Gegenteil viele schwere Neubelastungen. Die Zollsätze für Seidenwaren bleiben in Belgien, Italien und Rußland im wesentlichen dieselben wie bisher; in der Schweiz aber und vor allem in Oesterreich-Ungarn tritt eine Erhöhung ein. Hier ist z. B. der uns anzurechnende Zoll für gemusterte farbige Ganzseidengewebe um ⅓ für glatte, schwarze Ganzseidenwaren sogar auf das 2½fache (von 476,19 auf 1200 Kronen) heraufgesetzt worden. Während wir also unsere Seidenwarenzölle ermäßigen, werden dieselben Zölle in Oesterreich für Artikel, in denen wir mit ihm stark konkurrieren, so weit gesteigert, daß sie das 2- bis 2¼fache unserer nunmehrigen deutschen Zölle ausmachen. Und dabei bleiben die österreichisch-böhmischen Arbeitslöhne um ein Drittel bis zur Hälfte hinter unsern deutschen Löhnen zurück. Angesichts dieser Widersprüche haben die Vertreter der Seidenindustrie von Crefeld, Elberfeld, Langenberg und Bielefeld auf Einladung der Crefelder Handelskammer alsbald nach Bekanntwerden der neuen Handelsverträge eine Erklärung veröffentlicht, deren Inhalt ich meine Angaben entnommen habe. Auch die von meiner Handelskammer in Elberfeld angestellten Ermittelungen haben die Richtigkeit der in der Crefelder Erklärung enthaltenen Darstellung ergeben und sie hat daher in gleichartiger Weise öffentlich Stellung bezüglich der durch die neuen Handelsverträge für die deutsche Seiden- und Halbseidenindustrie geschaffenen sehr mißlichen Lage genommen.

Vorsitzender: Ich darf nun Herrn Dr. Lehmann bitten, über die Wollenindustrie zu referieren.

Handelskammersyndikus Dr. **Lehmann**-Aachen: Meine Herren, über die voraussichtlichen Wirkungen der neuen Handelsverträge für die Tuch- und Wollenindustrie zu referieren, ist aus mehrfachen Gründen nicht ganz einfach. Sie werden das verstehen, wenn ich darauf hinweise, daß diese Tuch- und Wollenwarenindustrie im wesentlichen eine Saisonindustrie ist, die selbstverständlich von den wechselnden Moderichtungen abhängig erscheint. Außerdem ist diese bedeutende Industrie Deutschlands von einem sehr gewichtigen Rohmaterial, der Wolle, nach seiner internationalen Preisstellung, die sich heute nicht übersehen läßt, abhängig, und auch dieser Umstand dürfte die Entwickelung der deutschen Tuch- und Wollenindustrie unter den Handelsverträgen beeinflussen. Es kommt schließlich in Betracht, daß auch die jeweiligen Konsumtionsverhältnisse des In- und des Auslandes eine Rolle spielen, insofern wir ja alljährlich die Beobachtung zu machen in der Lage sind, daß mit dem Steigen des Konsumbedürfnisses der Bevölkerung eine Zunahme des Wollengewerbes, eine bessere Entwickelung desselben eintritt, umgekehrt mit einer Abnahme des Konsumbedürfnisses, welche gegebenenfalls durch ungünstige Ernten beeinflußt sein kann, ein Stillstand der Konjunktur.

Gleichwohl möchte es doch angezeigt erscheinen, ein paar Worte über die allgemeine Situation, der die deutsche Tuch- und Wollenindustrie voraussichtlich unter dem neuen autonomen Zolltarif entgegengehen wird, hier einfließen zu lassen. Die deutschen Tuchzölle schwanken nach dem geltenden deutschen Zolltarif zwischen den beiden Beträgen 135 M. pro 100 kg für schwerere Stoffe und 220 M. pro 100 kg für leichtere Artikel. Der neue Zolltarif bringt keine wesentliche Aenderung diesem Zustande gegenüber. Er verfügt lediglich eine anderweite Staffelung, er führt eine dritte Staffelung ein. Die Zölle sind festgelegt für die schwereren Artikel — ich will die Einzelheiten übergehen — auf 135 M., ein leichterer Stoff soll in Zukunft im autonomen Zolltarif mit 175 M. belegt sein und endlich die feinsten Stoffe mit 220 M. Allerdings waren diese Sätze die Mindestforderungen, welche wir seinerzeit zur Verwertung im antonomen Tarif der Reichsregierung unterbreitet haben. Sie sollten mit anderen Worten den Mindestschutz darstellen, welcher von der Tuchindustrie gefordert wird. Zu unserer großen Verwunderung haben nun diese Mindestsätze unverändert in dem autonomen Zolltarif Aufnahme gefunden, Erhöhungen dieses Minimaltarifs sind uns nicht zu teil geworden, und demgemäß hat sich auch die Reichsregierung jeglichen Mittels begeben, im Wege handelsvertraglicher Abmachungen für die Tuchindustrie irgend welche Vorteile in die Wege leiten zu können. Es steht also auch diese Klage wiederum vollständig in Uebereinstimmung mit den Ausführungen des Herrn Referenten, daß unser autonomer Zolltarif uns leider nicht in die Lage gesetzt hat, einigermaßen günstige Handelsverträge zum Abschluß zu bringen. Es trifft das leider ganz besonders für die deutsche Tuch-

und Wollenindustrie zu, die mit etwa einem Drittel ihrer großen Produktion von 750 Millionen Mark am internationalen Verkehr beteiligt erscheint.

Aus diesen Gründen haben die bisher abgeschlossenen Handelsverträge in der Tat kein erfreuliches Ergebnis gebracht. So ist im wesentlichen das bisher ungünstige Verhältnis mit Italien geblieben. Dorthin ist lediglich die Möglichkeit vorhanden bezw. erhalten geblieben, bessere, leichtere Artikel zum Absatz zu bringen. Rußland hat für schwerere Artikel eine geringe Ermäßigung zugestanden, aber für feinere Sachen eine nicht unerhebliche Zollsteigerung handelsvertragsmäßig durchgesetzt (für den laufenden Meter 7,60 M. gegen 5,70 M. bisher). Die Schweiz hat ziemlich allgemein Erhöhungen verfügt, und das war schließlich kein Wunder angesichts des protektionistischen Charakters, welchen der schweizerische autonome Zolltarif angenommen hat. Sowohl für Streichgarn- wie für Kammgarnstoffe sind die Sätze, zum Teil um die Hälfte der bisherigen, erhöht worden. Ganz besonders gilt das, was ich soeben auszuführen die Ehre hatte, auch für Rumänien. Rumäniens Einfuhrzollsätze, wie auch diejenigen von Bulgarien und Serbien, sind ganz erheblich gesteigert worden, sodaß namentlich die mitteldeutschen Plätze befürchten, daß der bisherige Absatz in erheblicher Weise beeinträchtigt werden wird. Auch Oesterreich-Ungarn — wir dürfen ja hoffen, daß dieser Handelsvertrag in Kraft treten wird — verfügt in einigen Artikeln Erhöhungen.

Meine Herren, die wenig beneidenswerte Lage, in der sich die Tuch- und Wollwarenindustrie befindet, wollen Sie u. a. aus dem kurzen statistischen Hinweis entnehmen, den ich dem Konsulatsbericht für den Aachener Regierungsbezirk entlehnen darf. Vom Jahre 1894 bis zum Jahre 1903 ist der Export dieses linksrheinischen Tuchbezirkes nach Nordamerika von 961348 Golddollar auf 500579 Golddollar zurückgegangen. Das ist ja schließlich angesichts der eminent hohen Einfuhrzölle Nordamerikas, die 55 pCt. des Wertes betragen — es treten dazu 44 Cents Zuschlag für das amerikanische Zollpfund — in der Tat nicht zu verwundern, sodaß es der Tuchindustrie nur möglich gewesen ist, für die allerbesten Artikel, namentlich feinere Damenstoffe, einen Export aufrecht zu erhalten. Für Kanada gilt ungefähr dasselbe, was für die Vereinigten Staaten gilt. Der dortige Kampfzoll von $46^2/_3$ pCt. des Wertes gegenüber dem englischen von $23^1/_3$ pCt. machte es unserer Industrie in den letzten Monaten ganz unmöglich, einen früher gern gepflegten Absatzmarkt zu erhalten.

Wenn ich endlich noch darauf hinweisen darf, daß die ungünstigen Kreditverhältnisse Spaniens, wie überhaupt der Silberwährungsländer, die früher immerhin lebhaften Beziehungen zurückgedrängt haben, so wollen Sie aus diesem kurzen Resumee entnehmen, daß in der Tat die Lage der Tuch- und Wollenindustrie nicht als günstig betrachtet werden darf.

Es kommt noch ein neuester Schlag hinzu, der von der Konfektionsindustrie ausgegangen ist, die dem Vernehmen nach in den letzten Wochen an die Reichsregierung mit dem Antrag herangetreten ist, die von England zu beziehenden Tuchstoffe im Wege des Veredelungsverkehrs zollfrei einzulassen oder aber den Einfuhrzoll bei der Ausfuhr der fertiggestellten Kleider zurückzuvergüten. Der Verein Deutscher Tuch- und Wollenwarenfabrikanten wird auch die Unterstützung des Centralverbandes Deutscher Industrieller nachsuchen, um diesem Durchbrechen unseres Zolltarifs entgegenzuwirken.

Ob wir freilich in den späteren Handelsverträgen überhaupt noch befriedigende Ergebnisse erzielen werden, das steht sehr dahin. Die Sachverständigen bezweifeln es durchaus, namentlich im Hinblick darauf, daß eben die betreffenden Zollsätze unseres autonomen Tarifs für die Tuch- und Wollenindustrie im Wege von Handelsverträgen Nachlässe und Herabsetzungen zu bieten nicht geeignet sind. Sollten von dem Mindestschutz, der uns eingeräumt ist, noch weitere Abstriche erfolgen, so würde die Lage noch ungünstiger werden, als sie zur Zeit schon ist. Ich glaube, ich kann mich auf diese wenigen Ausführungen beschränken.

Vorsitzender: Herr Langen wird die Güte haben, über die Baumwollenindustrie zu berichten.

Fabrikbesitzer **Langen**-M.-Gladbach: Die deutsche Baumwollspinnerei ist bekanntlich mit dem Absatz ihrer Garne in erster Linie auf den Inlandsmarkt angewiesen, der etwa 95 pCt. ihrer gesamten Erzeugung aufnimmt. Demgemäß war ihr Streben vor allem darauf gerichtet, sich dieses Absatzgebiet zu erhalten, da ihr von England ein fühlbarer Wettbewerb auf demselben gemacht wird.

Hierauf mußte auch bei den vorliegenden Handelsverträgen gesehen werden, obwohl England nicht zu den sieben Handelsvertragsstaaten gehört; denn es ist wohl selbstverständlich, daß der mit den sieben Staaten vereinbarte Tarif auch England im Verlaufe weiterer Verhandlungen gewährt wird.

Im Vergleich zu England kommen die sieben Handelsvertragsstaaten für die Garneinfuhr nur in sehr beschränktem Maße in Betracht. Im Jahre 1904 betrug die gesamte Einfuhr baumwollener Garne nach Deutschland 212 250 Doppelzentner, woran England mit 81,8 pCt., die Schweiz mit 7,5 pCt., Oesterreich-Ungarn mit 5,3 pCt. und Belgien mit 2,6 pCt. beteiligt waren.

Nach den amtlichen Erhebungen des Wirtschaftlichen Ausschusses entfielen im Jahre 1898 von den im Deutschen Reiche hergestellten Garnen auf die Nummern unter 30 englisch ca. 80 pCt.

In den vorliegenden Handelsverträgen ist bezüglich dieser Garnnummern keine Aenderung eingetreten, auch keine Bindung in irgend welcher Weise erfolgt.

Ueber feinere Nummern von 32 bis 102 englisch sind dagegen vertragliche Abmachungen mit der Schweiz erfolgt, wonach diese Sätze für die Nummern über 32 bis 63 gebunden, für die Nummern 63 bis 83 und 83 bis 102 außerdem auf 3 resp. 6 M. ermäßigt worden sind, was auch für diejenigen Spinnereien, welche gröbere Nummern spinnen, insofern von Bedeutung ist, als dadurch eine gedeihliche Fortentwickelung der Feinspinnerei zum mindesten nicht gefördert wird.

Der Schweiz gegenüber gebunden ist ferner der Zollzuschlag von 3 M. für zwei- oder mehrdrähtige Baumwollgarne, einmal gezwirnt, roh, sowie die Anmerkung zu den Baumwollgarnpositionen, nach welcher zugerichtete (appretierte) und gedämpfte Gespinste der Verzollung als rohe unterliegen.

An ausländischen Absatzgebieten hat die deutsche Baumwollspinnerei nur ein geringes Interesse. Die gesamte Garnausfuhr betrug im Jahre 1904 95 285 Doppelzentner, davon nahmen

Oesterreich-Ungarn	11 945	Doppelzentner
Schweiz	4 036	"
Italien	2 294	"

Daher hat die deutsche Regierung auf die Ermäßigung der Garnpositionen anderer Länder weniger Wert gelegt, und sich nur auf bestimmte Einzelforderungen beschränkt, u. a. bei der Schweiz gegenüber dem neu aufgestellten autonomen Tarif eine Ermäßigung durchgesetzt in dem Zollzuschlage für gebleichte Garne von 10 auf 8 Franks, für gefärbte Garne von 20 auf 10 Franks und für Garne auf Spulen, Knäulen u. s. w. von 70 auf 50 Franken; trotz dieser Herabsetzungen bleiben diese künftigen Sätze zumeist über den bisherigen Vertragssätzen.

Bei Oesterreich-Ungarn ist in den groben Nummern Nr. 12 englisch und über Nr. 12 bis 29 englisch eine Bindung der bisherigen Zölle von 14 und 19 Kronen erzielt. Wenn die deutsche Ausfuhr nach Oesterreich-Ungarn auch nicht bedeutend ist, so ist sie doch gerade in den gröberen Nummern in den letzten Jahren gegenüber der Einfuhr englischer und schweizerischer Garne recht erheblich gestiegen.

Die erfolgte Bindung kann daher immerhin als im Interesse unserer Baumwollspinnerei erwünscht bezeichnet werden. Vertraglich festgelegt sind im österreichisch-ungarischen Tarif ferner die Zuschläge für gefärbte, gebleichte und mercerisierte Garne, deren Sätze im wesentlichen den bisherigen entsprechen.

Bei Belgien, Italien, Rußland, Rumänien und Serbien ist von irgendwelchen Abmachungen ganz abgesehen.

Im Gegensatz zur Spinnerei deckt die deutsche Baumwollweberei nicht nur den gesamten Bedarf des deutschen Marktes, sondern ist außerdem noch in ziemlich hohem Maße für das Ausland tätig. Wenn auch eine Einfuhr ausländischer Baumwollgewebe nach dem deutschen Zollgebiet nur in geringerem Maße stattfindet, kann die deutsche Baumwollweberei gegenüber dem starken ausländischen Wettbewerb eines gewissen Zollschutzes nicht entbehren. Gegenüber dem bestehenden Zolltarif, der eine Abstufung des Zolles zu 80, 100 und 120 M. für rohe, gebleichte und bunte Gewebe vorsieht, tritt im neuen Zolltarif der zweifellos gerechtfertigte Grundsatz hervor, durch Abgrenzung der Gewebe nach Gewicht und Fadenzahl eine Staffelung eintreten zu lassen, nach welcher die groben Gewebe weniger, dagegen die feineren Gewebe mehr geschützt werden. In den Handelsvertragsverhandlungen sind diese erhöhten Sätze für feinere Gewebe auf Verlangen der Schweiz zwar nicht unwesentlich ermäßigt, gehen indessen doch noch zumeist über die Sätze des bisherigen Tarifs hinaus.

Von größerer Bedeutung ist dagegen die Wiederaufnahme zweier Anmerkungen, die zwar im bisherigen, aber nicht in dem neuen Tarif enthalten waren.

Die erste ist eine auf Verlangen Belgiens aufgenommene Ausnahmebestimmung zu den Nummern 453 bis 455, wonach „grobe baumwollene Gewebe, roh, in Stücken nicht über 65 Zentimeter lang und breit, sogenannte Putzlappen, deren Schuß ausschließlich aus Baumwollabfällen besteht, auch gerauht, gesäumt und in Verbindung mit anderen Spinnstoffen oder einzelnen gefärbten Gespinstfäden" zum Satze von 7,50 M. pro Doppelzentner eingeführt werden dürfen.

Diese Bestimmung entspricht einer im bisherigen Tarife enthaltenen Anmerkung zu den Gewebepositionen, nach welcher ganz grobe Gewebe aus rohem Gespinst von Baumwollabfällen in Stücken von nicht über 50 Zentimeter lang und breit mit 10 M. verzollt werden. Im bestehenden Handelsvertrag mit Belgien vom 6. Dezember 1891 wurde die Mindestlänge und Breite dieser Stücke auf 60 Zentimeter erweitert und der Zollsatz auf 7,50 M. ermäßigt. Der neue Handelsvertrag mit Belgien macht ein weiteres Zugeständnis durch Erhöhung der zugelassenen Stückgrößen bis auf 65 Zentimeter Breite und Länge.

Die deutsche Industrie hat schon wiederholt gegen diese Vergünstigungen Einspruch erhoben. Besonders werden dadurch die Baumwollabfallspinnereien und Webereien geschädigt, die von Belgien her einen starken Wettbewerb zu fühlen haben. Die Statistik beweist auch, daß seit der ersten Einräumung einer Zollvergünstigung die Einfuhr der betreffenden Stücke sehr gestiegen ist, und es erscheint in Rücksicht auf die Höhe der Einfuhrzahlen bedenklich, die Zollermäßigung noch weiter als bisher auszudehnen, wie dies im gegenwärtigen Tarif geschehen ist.

Eine weitere Ausnahmestellung haben die baumwollenen Bettdecken, ebenfalls auf Verlangen Belgiens, erhalten. Für diesen Artikel waren auch im bisherigen Handelsvertragstarif mit Belgien ermäßigte Zollsätze eingeräumt. Die vorgenommenen Ermäßigungen werden allerdings bei diesem Artikel kaum einen Einfluß haben, da infolge der außerordentlich erstarkten Deckenweberei auch bei den neuen Zollsätzen eine Einfuhr fremdländischer Decken nach Deutschland kaum in Frage kommen wird.

Von sonstigen Abänderungen der die Baumwollgewebe betreffenden Positionen möge noch an dieser Stelle des Artikels „baumwollene gewebte Dochte" gedacht werden, der im neuen Zolltarif eine Ermäßigung des Zolles von 120 auf 80 M. erfahren hat. Solche Dochte sind allerdings bisher in nennenswertem Umfange nicht eingeführt; auch ist vielleicht bei der starken deutschen Dochtweberei für die Zukunft eine Zunahme der Einfuhr ausgeschlossen. Immerhin muß gerade diese Ermäßigung registriert werden, weil die deutsche Dochtweberei auf mehreren ausländischen Märkten durch die Handelsverträge eine wesentliche Verschlechterung ihrer Absatzverhältnisse erfahren hat.

Viel wichtiger als ein hoher Zollschutz der deutschen Webereierzeugnisse ist für die Baumwollweberei die Sicherung günstiger Absatzverhältnisse nach dem Auslande. Wenn die sieben Handelsvertragsstaaten auch nicht die größten Abnehmer der deutschen Baumwollgewebe bilden, so geht nach ihnen doch immerhin ein ziemlicher Prozentsatz der deutschen Ausfuhr. In den letzten Jahren nahmen sie zusammen gegen 20 pCt. sämtlicher aus Deutschland ausgeführten dichten Baumwollgewebe auf.

Von den sieben Handelsvertragsstaaten steht die Schweiz obenan. Es war schon seit längerer Zeit bekannt, daß gerade dieses Land in seinen Zollsätzen für baumwollene Gewebe nicht unwesentliche Erhöhungen beabsichtigte. In den Handelsvertragsverhandlungen ist es der deutschen Regierung leider nicht gelungen, für die wichtigsten Positionen die bisherigen Zollsätze wieder zu erlangen. Die Regierung begründet die Unmöglichkeit, weitere Konzessionen zu erzielen, damit, daß die schweizerischen Wünsche zum deutschen Tarif z. B. bei dem Baumwollgarn gleichfalls nicht voll befriedigt werden konnten; sie glaubt dabei aber auch — ob mit Recht oder Unrecht, muß die Zukunft lehren —, daß diese Zollerhöhungen, „so unerwünscht sie an sich sind", doch für unsere Industrie noch erträglich und zum Teil von den schweizerischen Verbrauchern zu tragen sein werden.

Von den wichtigeren Einfuhrartikeln haben nur die sammetartigen Gewebe und die Barmer Litzen eine Ermäßigung erfahren, während die gefärbten, bedruckten, buntgewebten und gemusterten Artikel durchgehends erhöht sind. Besonders wird von dieser Erhöhung die elsässische Baumwollindustrie betroffen werden, die infolge ihrer natürlichen Lage mit der Schweiz in regerem Verkehr steht.

Einer besonderen Erwähnung bedarf bei dem Handelsvertrag mit der Schweiz noch der zollfreie Veredelungsverkehr für Gewebe, der wie bisher wechselseitig zugesichert ist.

Nächst der Schweiz ist Rumänien das größte Absatzgebiet für die deutsche Baumwollweberei. Daß für dieses Land gerade die deutsche Baumwollweberei und Druckerei als einer der Hauptlieferanten in Frage kommt, geht aus der rumänischen Einfuhrstatistik hervor. Danach betrug die Gesamteinfuhr Rumäniens an gefärbten, bedruckten und buntgewebten Baumwollwaren im Jahre 1902 62 137 Doppelzentner; hieran war Deutschland mit 30,2 pCt. beteiligt. Dem Werte nach wird dieser Anteil Deutschlands mit 10 429 216 Franks angegeben.

Bei diesem verhältnismäßig hohen Interesse, das die Baumwollindustrie an der Erhaltung des rumänischen Absatzgebietes hat, mußte auf die Erhaltung der bisherigen niedrigen Eingangszölle großer Wert gelegt werden. Der im vergangenen Jahr veröffentlichte Entwurf eines neuen rumänischen Zolltarifs ließ schon erkennen, daß Rumänien auch in den Positionen der Baumwollwaren erhebliche Erhöhungen beabsichtigte. Eine Ermäßigung dieser Zollsätze bis auf die Höhe der bestehenden Zölle konnte die deutsche Regierung nicht erzielen, weil sie gerade auch Rumänien gegenüber keine besonderen Zugeständnisse bezüglich der landwirtschaftlichen Erzeugnisse machte.

Der Tarif sieht indessen auf dem Papiere ungünstiger aus, als er sich für die deutsche Baumwollindustrie stellt. Man muß berücksichtigen, daß nach Rumänien zumeist grobe Baumwollstoffe eingeführt werden, der künftige Zoll für solche buntgewebte und bedruckte Gewebe wird in Zukunft 66, 78, 72 Lei betragen.

Gegenüber dem bisherigen Zollsatze von 60 Lei bringen demnach die neuen Sätze zwar eine Erhöhung, immerhin kann diese im Hinblick auf die sonstigen Erhöhungen Rumäniens und anderer Vertragsstaaten nicht gerade als übermäßig bezeichnet werden. Man wird daher wohl erwarten können, daß die Zollerhöhungen auf den Absatz der deutschen Buntwebereien und Druckereien keinen allzu ungünstigen Einfluß ausüben werden.

Weit erheblicher werden dagegen von den Erhöhungen die Artikel Baumwollsammet und Lampendochte getroffen, denn bei einer Zollerhöhung von mehr als 100 pCt. wird ein künftiger Absatz sehr erschwert, wenn nicht unmöglich gemacht werden.

Im Handelsvertrag mit Belgien, das an dritter Stelle steht, sind die bisherigen Eingangszölle für baumwollene Gewebe beibehalten.

Die Veränderungen, welche der österreichische Vertragstarif für die Baumwollgewebe bringt, können im allgemeinen noch als erträglich bezeichnet werden.

Größer sind die Erhöhungen auf feinere Gewebe.

Dagegen haben infolge veränderter Tarifierung Dochte eine Erhöhung von 57 auf 65 Kronen und baumwollene Treibriemen eine solche von 57 auf 75 Kronen erfahren.

Bei dem Handelsvertrag mit Italien hat die Regierung davon abgesehen, eine Ermäßigung der schon jetzt für die deutsche Einfuhr meist direkt prohibitiv wirkenden Einfuhrzölle auf baumwollene Gewebe zu erzielen; sie hat sich nur darauf beschränkt, einzelne Positionen festzulegen. Ermäßigt sind die Sätze für bedruckte Gewebe im Gewichte von 7 bis 13 kg pro 100 qm, die künftig einen Zoll von 66,50 Lire gegenüber bisher 70 Lire zahlen, und für Baumwollsammet, welcher als gefärbte Ware von 200 auf 190 Lire und als bedruckte Ware von 250 auf 235 Lire herabgesetzt ist.

Nach Rußland ist schon seit Jahren die Ausfuhr der meisten Baumwollwaren infolge der hohen Zölle ziemlich bedeutungslos gewesen; infolge mehrerer Erhöhungen im neuen Tarif wird dies weiter noch mehr der Fall sein.

Recht ungünstig hat sich der serbische Zolltarif gestaltet. Die Hauptartikel, welche für die Ausfuhr nach Serbien in Betracht kommen, nämlich Barchent, buntgewebte, gefärbte oder buntgedruckte Decken, Teppiche, Bettzeuge u. s. w., wurden bisher mit 25 Dinar, buntgewebte, gefärbte oder bedruckte Hosenstoffe, Pikees und ähnliche Stoffe mit 35 Dinar pro Doppelzentner verzollt. Der neue Tarif teilt dagegen die Baumwollgewebe in anderer Weise ein und setzt Zölle von 80 bis 100 bis 130 Dinar per Doppelzentner fest.

Dazu kommen Zollzuschläge für:

gelaugte, hellgebleichte, gebleichte nitrierte Ware .	15 pCt.
buntgewebte, gepreßte, bedruckte Ware	20 „
gemusterte Ware	10 „
broschierte und gazebindige Ware	15 „

Auch wenn man annimmt, daß der größte Teil der deutschen Waren zu dem niedrigsten Zollsatz verzollt wird, kommt man für buntgewebte und bedruckte Ware auf einen Zollsatz von 96 Dinar. Gegenüber den bisherigen Sätzen von 25 und 35 Dinar ist diese Erhöhung so beträchtlich, daß sie die Einfuhr sehr erschweren, wenn nicht unmöglich machen muß. Im Interesse der sich wahrscheinlich steigernden Aufnahmefähigkeit Serbiens für solche Waren ist dies sehr zu bedauern. Es ist andererseits auch kaum zu verstehen, wie gerade ein Land wie Serbien, das doch vorab nicht an die Heranziehung einer eigenen Textilindustrie denken kann, auf derartige Verbrauchsartikel einen so hohen Zoll hat legen können.

Hiernach dürfte die deutsche Baumwollindustrie im allgemeinen über das Ergebnis der neuen Handelsverträge keine besondere Befriedigung empfinden. Die heimische Baumwollspinnerei sieht mit Sorgen dem Inkrafttreten des neuen Zolltarifs entgegen und der Weberei wird, wie nachgewiesen, vielfach die Ausfuhrmöglichkeit in bedenklicher Weise erschwert.

Vorsitzender: Meine Herren, Herr Generalsekretär Ditges wird die Güte haben, über die Papierindustrie zu berichten.

Generalsekretär **Ditges**-Berlin: Meine Herren, die deutsche Papiererzeugung bietet das typische Beispiel einer Industrie, die dem Grundsatz des Abschlusses agrarischer Handelsverträge um jeden Preis geopfert worden ist; ich hoffe, daß ich in meinen kurzen Ausführungen Ihnen diese Behauptung beweisen werde.

Meine Herren, die deutsche Papiererzeugung gehört zu den Industrien, die ein ziemlich starkes Schutzbedürfnis infolge ihrer Produktionsbedingungen haben. Es ist Ihnen allen bekannt, daß das Ausland infolge seiner größeren Holzvorräte und seiner Wasserkräfte in der Lage ist, billiger zu produzieren als wir; Oesterreich, Skandinavien, Finnland, die Vereinigten Staaten von Amerika sind jederzeit bereit, unseren Markt mit ihrem Papier zu überschwemmen, wenn wir nicht durch den Zolltarif in hinlänglicher Weise geschützt sind. Infolgedessen hat die deutsche Papierfabrikation bei der Vorbereitung der Handelsverträge beantragt, daß für alle besseren Papiere ein Schutz von

10 M., für die geringeren ein solcher von 4 M. eingeführt werden möchte. Wir hatten damals mit einer sehr heftigen Gegnerschaft, der Presse in erster Linie, zu kämpfen, die ja die Hauptverbraucherin von Papier ist, und die alle ihre Machtmittel in Bewegung gesetzt hat, um den von uns beantragten Zollschutz zu hintertreiben.

Zu unserer angenehmen Ueberraschung fanden wir in dem autonomen Zolltarif, daß unsere Wünsche im großen und ganzen berücksichtigt waren. Daraus geht doch hervor, daß auch die Regierung die Schutzbedürftigkeit unserer Industrie anerkannt hatte. Aber um so größer war unsere Enttäuschung, als wir die neuen Handelsverträge sahen. Da war nämlich der 10 M.=Zoll für bessere Papiere, darunter allerdings auch für Rotationsdruckpapier, auf 6 M. herabgesetzt worden, während er in den bisherigen Handelsverträgen für einzelne Sorten von Papier, namentlich für Zeichenpapier und Karton 10 M. beträgt. Am schlimmsten war es aber, daß der Packpapierzoll auf 3 von 10 M. im Zolltarif ermäßigt war. Es kommen dabei Papiere in Betracht, die 70, 80 M. und noch mehr wert sind, und Sie werden zugestehen, daß ein Zoll von 3 M. für solche Papiere überhaupt keinen Schutz mehr bedeutet. Außerdem ist gerade in solchen Papieren das Ausland außerordentlich leistungsfähig; namentlich die österreichischen Fabriken, die direkt an unserer Grenze sitzen, warten nur darauf, daß ihnen Einbruchsgelegenheit in das deutsche Wirtschaftsgebiet geboten wird.

Demgegenüber hat das Ausland ganz außerordentliche Zollerhöhungen vorgenommen, die unsere bisherige ziemlich bedeutende Ausfuhr — der Export der deutschen Papierfabrikation beträgt nämlich dem Werte nach im letzten Jahre 38½ Millionen Mark — zum Teil zweifellos unterbinden werden.

Ich möchte mir gestatten, Ihnen in Kürze einige von diesen Erhöhungen anzuführen. Oesterreich=Ungarn hat Pappen von 1,19 bezw. 2,38 Kronen auf 1,80 bezw. 3 Kronen heraufgesetzt, feine Kartons von 7,14 auf 13 Kronen, Kartonpapier von 11,90 auf 18 Kronen, Löschpapier von 3,57 auf 7,20 Kronen u. s. w. Ebenso hat die Schweiz ganz bedeutende Zollerhöhungen vorgenommen, die bei dem verhältnismäßig sehr geringen Wert der in Betracht kommenden Objekte sehr stark ins Gewicht fallen. In Italien sind die Verhältnisse ziemlich gleich geblieben.

Dagegen möchte ich Ihnen kurz die russischen Zölle vortragen, damit Sie daraus ersehen können, was man im Auslande unter Schutzzöllen versteht und daß wir Deutschen doch eigentlich weit davon entfernt sind, unsere innere Produktion wirkungsvoll zu schützen. Der russische Eingangszoll auf geleimtes Papier beträgt jetzt vertragsmäßig 4,95 Rubel auf 1 Pud, das sind 65,88 M. für 100 kg. Daneben besteht noch eine Position „ungeleimtes Papier", die etwas niedriger, mit 47,91 M. zu verzollen ist. Diese Position hat man einfach fallen gelassen und hat die Position „geleimtes Papier" auf 6 Rubel pro Pud, d. h. 79,85 M. für den Doppelzentner erhöht. Nehmen Sie an, daß Druckpapier einen Wert von 22 M. hat, so haben Sie weit über 300, beinahe 400 pCt. Eingangszoll, die in Rußland für Druckpapiere zu bezahlen sind. Ferner hat Rußland eine eigene Position für Papiere mit Wasserzeichen gebildet, die einen Zoll von 7 Rubel pro Pud, das sind 93,16 M. für 100 kg haben. Noch schlimmer sind die Zölle für getränkte Papiere, die auf 175,68 M. für 100 kg stiegen. Meine Herren, hieraus können wir wirklich lernen, wie Zölle gemacht werden.

Ebenso schlecht ist es uns in Serbien gegangen, wo die Zölle auf das Doppelte und Dreifache erhöht sind. In Rumänien betragen die Zölle 35 bis 80 Lei für 100 kg — 1 Lei gleich 1 Franken.

Meine Herren, wenn das schon für die deutsche Papierfabrikation sehr empfindlich ist, so fühlt sie sich außerdem noch dadurch schmerzlich berührt, daß auch ihre hauptsächlichste Abnehmerin, die Papierverarbeitung, die im Jahre 250 Millionen an Waren dem Werte nach im Durchschnitt ausführt, in den ausländischen Tarifen sehr schlecht weggekommen ist. Den Anteil der Papierfabrikation an diesem Werte von 250 Millionen können wir auf rund 60 Millionen Mark veranschlagen, so daß also auch hier für die deutsche Papierfabrikation ein ganz erheblicher Ausfall stattfinden wird.

Ferner sind noch einige sonstige Nachteile für die Papierfabrikation in die neuen Handelsverträge hineingebracht worden. Ich möchte die Erhöhung des Holzschliff- und Zellstoffzolls von 1 M. auf 1,25 M. nicht hierher rechnen, weil sie ja erstens unbedeutend ist, und weil es zweitens sehr fraglich ist, ob die ungehinderte Einfuhr von Zellstoff und Holzschliff in Deutschland einen Vorteil für die deutsche Papierfabrikation bedeutet. Ich möchte das verneinen, und zwar aus dem Grunde, weil sich bereits jetzt auf Grund des Bezuges nordischer Stoffe Papierfabriken an der Wasserkante gebildet haben, die die ohnedies vorhandene Ueberproduktion auf dem deutschen Markte noch verstärken werden. Eine Belastung ist es aber, daß auf Kaseïn, welches für Streichpapier gebraucht wird und wovon nach der Denkschrift zu dem neuen Zolltarif ungefähr 800 000 kg in Deutschland jährlich eingeführt werden, ein Zoll von 10 M. autonom gelegt worden ist, der in den Handelsverträgen auf 6 M. ermäßigt worden ist, während dieser Stoff bisher zollfrei war.

Nun, meine Herren, werden Sie mich fragen: Bieten denn die neuen Handelsverträge für die Papierindustrie gar keine Vorteile? Hierher gehören ja zunächst die allgemeinen Erleichterungen für Handel und Verkehr, die Ihnen Herr Generalsekretär **Bueck** vorgeführt hat. Man wird hierbei vielleicht auch die Dauer der Handelsverträge mitrechnen wollen. Aber, meine Herren, wenn man, wie es die deutsche Papierfabrikation tut, den Handelsverträgen den Wunsch mit auf den Weg gibt, daß sie recht bald anderen, besseren Abmachungen Platz machen möchten, dann kann man ihre Dauer eigentlich kaum als einen Vorteil betrachten.

Es ist ja natürlich auch bei uns die Frage aufgetaucht, was nun jetzt zu tun ist. An den Handelsverträgen, wie ja bereits gesagt worden ist, ist nichts mehr zu ändern, und die deutsche Papierfabrikation wird die ihr durch die Handelsverträge gebrachten Nachteile auch für die erste Zeit nicht aufheben können. Aber, meine Herren, die Handelsverträge sollten doch eine ernste Mahnung sein, in unserer Industrie und innerhalb der einzelnen Industriezweige fest zusammenzuhalten und die Wünsche, die in diesen Handelsverträgen so übermäßig schlecht weggekommen sind, mit möglichstem Nachdruck zum Ausdruck zu bringen. Es ist gesagt worden, die Industrie hätte mehr schreien sollen. Meine Herren, wir haben genug geschrien, und, soviel mir bekannt ist, haben andere Industrien das auch getan. Aber es scheint doch, als ob noch mehr geschrien werden sollte, und als ob man immer wieder darauf hinweisen sollte, daß es die deutsche Industrie ist, die die Lasten trägt und die für unsere sozialen und Kulturaufgaben das Geld hergibt. Man sollte unsere Regierung einmal darauf hinweisen, daß sie auch die von ihr verhätschelte Landwirtschaft auffordert, an ihrem Teile zu diesen Lasten beizutragen. Ich glaube, daß diese Aufforderung zum größten Teile vergeblich sein würde. Aber, meine Herren, wir müssen immer wieder darauf betonen, daß die deutsche Industrie die Henne ist, die die goldenen Eier legt, und daß die Regierung selbst im Begriffe ist, diese zu schlachten, wenn sie solche Handelsverträge abschließt. Dann werden wir vielleicht, wenn diese Handelsverträge abgelaufen sind, doch etwas erreichen.

Geheimer Kommerzienrat **Dietel**-Coßmannsdorf: Ich hatte vernommen, der Herr Generalsekretär wollte für die Kammgarnspinnerei sprechen.

Generalsekretär **Bueck**-Berlin: Nein, ich trete sehr gern zurück. Bitte!

Vorsitzender: Ich darf bitten, Herr Geheimrat, wollen Sie über die Kammgarnspinnerei sprechen.

Geheimer Kommerzienrat **Dietel**-Coßmannsdorf. Meine Herren! Ich werde mich außerordentlich kurz fassen und werde Ihnen nicht Zahlen und Vergleiche bringen können, denn ich bin auf die ganze Angelegenheit nicht vorbereitet. Wenn ich hätte ahnen können, daß heute noch Gelegenheit wäre, sich darüber auszusprechen, würde ich mich besser auf die Einzelheiten vorbereitet haben. Ich kann nicht eingehend referieren. Konstatieren will ich aber nur das eine, daß die Kammgarnspinnerei, wie von jeher, auch diesmal vollständig vernachlässigt worden, daß auf sie nicht die allergeringste Rücksicht genommen worden ist, obgleich sie eine ganz bedeutende und hochentwickelte Industrie im Reiche geworden ist.

Die Kammgarnzölle sind bisher eigentlich nichts weiter gewesen als Registrierzölle, als statistische Zölle, um anzuschreiben, welche Quantitäten eingegangen sind. Es handelt sich bei den Kammgarnzöllen, wenn man sie in Prozentsätzen ausdrücken will, um Kleinigkeiten, etwa $1\frac{1}{2}$ pCt. des Wertes. Gegenüber dem, was die Vorredner berichtet haben, liegen die Verhältnisse bei uns noch weit ungünstiger. Aber selbst an den minimalen Zollsätzen, die wir bisher gehabt haben, ist noch gerüttelt worden bei der Tariffestsetzung. Der Deutsche Reichstag oder die Zollkommission hat noch in der allerletzten Stunde, ohne daß Einwendungen möglich waren, die eine und andere Position verschlechtert. Nur eine einzige Position hat eine Erhöhung erfahren. Sogenannte harte Kammgarne sind um 50 Pfg. per 100 kg erhöht worden, dagegen sind bei anderen Positionen erhebliche Verminderungen eingetreten, unter anderem durch die Versetzung der dreifachen Garne aus der Position der vierfachen in diejenige der zweifachen.

Auch unter den bekannten Unstimmigkeiten, die im Zolltarif sich herausgestellt, haben wir zu leiden. Z. B. Genappesgarne, Garne, die noch einer besonderen Arbeitsbehandlung unterliegen, etwa wie die gefärbten Garne, sie werden genappiert, d. h. noch gedreht, gasiert; solche Garne können, anstatt wie bisher zu 8, 10, 12 oder 24 M. per 100 kg, heute für 2 M. eingehen, infolge nicht ausreichender Erklärung, wonach nicht nur gewisse Genappesgarne, nämlich solche aus Alpakamaterial, zu 2 M. eingeführt werden könnten, sondern auch genappierte andere Wollengarne. Ferner protestieren wir schon seit Jahrzehnten gegen Beibehaltung des Unterschiedes zwischen sogenannten harten und, wie es im Tarif heißt, anderen Wollengarnen, weil es eine absolute Unmöglichkeit ist, den scharfen Unterschied zwischen harten Garnen und weichen bezw. „anderen" Garnen herauszufinden. Trotzdem ist dieser Unterschied aufs neue aufrecht erhalten worden.

Für die Kammgarnspinnerei ist und bleibt der deutsche Inlandsmarkt das wichtigste und gegebene Absatzgebiet. Um so unbegreiflicher ist es, daß man den so außerordentlich bescheidenen Anträgen der Kammgarnspinnerei bei Aufstellung des neuen Zolltarifes keinerlei Beachtung geschenkt hat. Jedenfalls hätte man aber erwarten können, daß für die Kammgarnspinnerei bei den Handelsverträgen ein, wenn auch nur mäßiger Ersatz der Benachteiligung durch den Zolltarif herausgeholt worden wäre. Dies ist aber leider nicht der Fall. Von einem Gesamtexport von Wollengarnen in Höhe von rund 60 Millionen Mark in den letzten Jahren wurden nach Oesterreich-Ungarn für 12 Millionen Mark, nach Rußland für 9 Millionen Mark, nach der Schweiz für 3,7 Millionen Mark und nach Rußland für knapp 1 Million Mark ausgeführt. Die Ausfuhr an Wollengarnen nach Italien, Belgien und Serbien, den anderen drei Ländern, mit denen wir jetzt neue Tarifverträge abgeschlossen haben, ist bisher von verhältnismäßig geringer Bedeutung. Die Ausfuhr nach jenen anderen vier Vertragsstaaten stellt ca. 43 pCt. des Gesamtexportes dar und es ist einleuchtend, daß darum die neue Zollgestaltung mit diesen Staaten von größter Bedeutung für die Ausfuhr von Wollengarnen ist.

Die Eingangszölle in Rußland sind schon bisher von der Grenze des Prohibitivzolles nicht weit entfernt gewesen. Die neuen Vertragssätze bringen nun zwar für Garne bis Nr. 57 sehr mäßige Herabsetzungen, denen für die Garne über Nr. 57 beträchtliche Zollerhöhungen gegenüberstehen. Die erzielten Herabsetzungen sind im Reichstage als eine wesentliche Konzession bezeichnet worden. Darin liegt aber eine gewisse Selbsttäuschung. Die Ausfuhr nach Rußland ist gerade in den feineren (zollerhöhten) Garnen eine größere, als in den gröberen Garnen, weil relativ zum Werte der Garne der enorme Zoll bei den feineren Garnen niedriger ist, als bei den gröberen. Es haben sich also die Zollverhältnisse für die Ausfuhr von Kammgarnen nach Rußland nicht verbessert, sondern tatsächlich verschlechtert. Auch im Vertrage mit der Schweiz sind Vergünstigungen gegen bisher nicht erzielt. Man hätte gerade erwarten sollen, daß für den Export von Wollengarnen nach der Schweiz einige Konzessionen hätten erzielt werden sollen, da der Export von Wollengarnen aus der Schweiz nach Deutschland jährlich durchschnittlich um 1 bis 2 Millionen Mark höher ist, als unsere Ausfuhr dahin. Die rohen, gezwirnten Kammgarne, wie namentlich auch die gebleichten, gefärbten und bedruckten, einfachen und gezwirnten Kammgarne sind in den Eingangszöllen erhöht worden. Auch die für den Detailverkauf hergerichteten Wollengarne sind von 30 auf 35 Franks gesteigert. Im Vertrage mit Oesterreich-Ungarn sind für Kammgarne nur Zollbindungen vorgesehen. Da unsere einheimische Kammgarnspinnerei immer mehr zur Cheviotgarnspinnerei sich entwickelt, ist die Beseitigung der bisherigen Position der Cheviotgarne über Nr. 30 mit dem Satze von 3,57 Kronen von Nachteil. An Stelle dieses Satzes ist ein Zoll in Höhe von 12 Kronen getreten. In einer Hinsicht ist der Wegfall dieser Position allerdings ein guter Beweis dafür, daß die zahlreichen Aeußerungen und Eingaben des Vereins Deutscher Wollkämmer und Kammgarnspinner zum deutschen Zolltarif zwar nicht bei der deutschen Regierung, wohl aber für den österreichischen Zolltarif bei der österreichischen Regierung gewirkt haben. Die österreichische Regierung hat die Unterscheidung der „harten" und „weichen" Kammgarne in Fortfall gebracht und darum diese Position der „harten Kammgarne über Nr. 30" mit den übrigen Kammgarnen zusammengelegt. Es ist nur schade, daß man sich in Oesterreich von der Notwendigkeit dieser Aenderung überzeugt, nicht aber auch in Deutschland. Der neue österreich-ungarische Generaltarif hat gegen bisher die rohen Kammgarne teils ermäßigt, während die gebleichten, gefärbten und bedruckten Kammgarne (sowohl die einfachen wie die gezwirnten) Zollerhöhungen aufweisen. Ungefähr je die Hälfte unserer Ausfuhr verteilt sich auf rohe und auf weiter bearbeitete Kammgarne. Die Zoll-Ermäßigungen sind aber auch im neuen österreich-ungarischen Tarif geringer, als die Zoll-Erhöhungen. Besonders ungünstig sind die in der Wolle gefärbten oder bedruckten melierten Kammgarne betroffen, die allein ein Drittel des Gesamtexportes an Wollengarnen bilden. Es bietet darum auch dieser Vertrag beziehungsweise der neue Generaltarif keine Verbesserung der derzeitigen zollpolitischen Verhältnisse, wenn man Ermäßigung und Erhöhung gegen einander ausgleicht und dabei berücksichtigt, daß die zollerhöhten Garne gerade solche sind, in denen mehr Arbeit verkörpert ist, als in den nur um ein Geringes im Zoll herabgesetzten Garnen. Nach Rumänien besteht unser Export an Wollengarnen zumeist aus Strickgarnen, d. h. drei- oder mehrdrähtigen Garnen. Diese, wie auch die gezwirnten Garne, sind im Vertrage mit Rumänien in den Zollsätzen erhöht worden. Wichtige Garnsorten müssen Steigerungen von 60 Lei auf 95 und 115 Lei hinnehmen, während vergleichsweise der deutsche Eingangszoll für diese Garne nur ein Viertel so hoch ist und dabei gerade diese Sorten noch den relativ höchsten Zollschutz aller Kammgarne genießen. Auch im Export von Wollengarnen nach Serbien bilden die Strickgarne die ausschlaggebende Rolle. Der serbische Vertrag enthält hierfür eine geradezu abnorme Zollsteigerung. Die gebleichten, gefärbten und bedruckten Garne auf Spulen, Knäulen, Strähnen u. s. w. sind von 55 Dinar für 100 kg auf 110 Dinar, also genau um 100 pCt. erhöht. Wenn zwar der Export von Wollengarnen nach Serbien bisher keine sehr große Bedeutung gehabt hat, und der nach Rumänien sich 1903 einer Million Mark näherte, so ist doch die zollpolitische Verschlechterung ungemein zu bedauern, da diesen Absatzgebieten — bei der Verschärfung des Wettbewerbes auf den anderen seither wichtigeren Märkten — künftig entschieden größere Aufmerksamkeit wird zugewandt werden müssen. Die Zölle im belgischen Vertrage sind dieselben wie bisher, aber gebunden. Der italienische Vertrag berührt die Wollengarne nicht. Eine der bedeutendsten deutschen Kammgarnspinnereien hat kürzlich eine Filiale in Oesterreich-Ungarn errichtet und diese Gründung ganz besonders unter dem Gesichtspunkt der Verschlechterung der österreichischen Eingangszölle für Kammgarne und namentlich für bunte Kammgarne vorgenommen.

Wenn wir ein Urteil abgeben sollen, wie die deutsche Kammgarnspinnerei sich in Zukunft mit dem neuen Zolltarif wird abzufinden haben und was sie wird tun können, um notdürftig weiter zu bestehen, so glaube ich, von ihrem Standpunkt wäre es kein Fehler, zu überlegen, ob es sich nicht empfiehlt, Freihandelsvereine zu gründen, um darauf hinzuarbeiten, daß in allen Industriestaaten der Freihandel eingeführt werde. Sehen wir uns um, wohin nach allen Seiten wir früher große Mengen Kammgarn ausgeführt haben, so finden wir, es wird uns durch die hohen Zollsätze jener Staaten der Export dahin erschwert und verhindert, während auf der andern Seite, weil wir für unsere Erzeugnisse so gut wie nicht geschützt sind, von allen jenen Staaten Kammgarne in Riesenmengen bei uns in Deutschland eingeführt werden.

Eine Beseitigung der Auslandszölle würde uns dienlicher sein, als die Beibehaltung der bestehenden deutschen Einfuhrzölle und selbst als eine Erhöhung derselben.

Jedenfalls irgend eine Aussicht auf Besserung unserer Verhältnisse unter dem neuen Zolltarif bezw. unter den bis jetzt abgeschlossenen Handelsverträgen haben wir nicht zu erwarten, wir müssen uns weiter plagen, so wie wir uns bisher geplagt haben.

Vorsitzender: Herr Generalsekretär Bueck wird die Güte haben, über die Zementindustrie vorzutragen.

Generalsekretär **Bueck**-Berlin: Meine Herren, Sie werden die Güte haben, anzuerkennen, daß es nicht möglich gewesen ist seitens des Direktoriums, die Vertreter jedes einzelnen Zweiges der großen deutschen Industrien aufzufordern, hier Referate über die Handelsverträge zu halten. Es kam ja überhaupt nur darauf an, hier gewissermaßen Beispiele zu haben, um das, was in meinem Referat gesagt war, zu erhärten.

Herr Kommerzienrat Dietel hat vollständig recht, daß ich noch einige Bemerkungen über die Kammgarnindustrie machen wollte, indem ich zwei Industrien hier vorführen wollte als Beispiele für die Handlungsweise der Regierung oder vielmehr als Beispiele, wie die Regierung eigentlich nicht hätte verfahren sollen. Eines dieser Beispiele bildet die Kammgarnspinnerei insbesondere dafür, wie schwer es ist, alte eingewurzelte Anschauungen bei den maßgebenden Stellen, die darüber zu bestimmen haben, aus der Welt zu schaffen. Die Kammgarnindustrie ist von jeher das Stiefkind unserer Zollgesetzgebung gewesen. Meine Herren, der Zoll für Kammgarn ist vor Jahrzehnten festgesetzt in ungenügender Weise, beruhend auf auch damals schon nicht mehr zutreffenden Anschauungen. Seit der Zeit haben sich in keiner Industrie so sehr wie hier die Verhältnisse gänzlich verändert, einmal durch die veränderte Richtung in der Produktion des Rohmaterials, zweitens durch die Veränderungen in der Mode, in dem Gebrauch der Stoffe, die aus dem Kammgarn gewebt werden. Das ist alles unberücksichtigt geblieben.

Meine Herren, wir haben vielleicht bei keinem Artikel so eingehende Begründungen für eine andere Gestaltung des Zolles vorgelegt, wie gerade beim Kammgarn. Für keine Industrie sind wir, das kann ich wohl sagen, in der Weise — sorgfältig ist ja bei allen verfahren worden — mit reichem Material von den Beteiligten versorgt gewesen wie hier, so daß wir hier eine ganz eingehende Begründung haben geben können. Das ist vergeblich gewesen, meine Herren. Die Kammgarnindustrie ist in der Tat, wie Herr Geheimer Kommerzienrat Dietel sagt, so gut wie garnicht geschützt, höchstens mit 1 pCt. der Tatsache gegenüber, daß wir jährlich ungefähr für 95 Millionen Wollengarne in Deutschland von England einführen.

Meine Herren, die zweite Industrie, die charakteristisch behandelt ist, ist die Zementindustrie. Zement war während der jetzt ablaufenden Periode der Handelsverträge zollfrei. Aber rundum an allen Grenzen stieß unsere Zementindustrie auf Zölle, die die Einfuhr in das Nebenland erschwerten oder unmöglich machten. Das hatte zur Folge, daß an unseren Grenzen, namentlich in der Schweiz und in Oesterreich, eine Reihe — ich glaube es sind gegen 40 — Fabriken im Auslande errichtet wurden, lediglich mit Bezug auf die zollfreie Einfuhr nach Deutschland.

Meine Herren, außerordentlich ist gearbeitet worden auch vom Centralverbande dafür, daß dieses Mißverhältnis abgestellt werden möge, daß die deutsche Zementindustrie auch einen gewissen Schutz erhalte, und, meine Herren, ich glaube, es ist in erster Reihe und hauptsächlich den Vertretern des Centralverbandes in dem Wirtschaftlichen Ausschusse zu danken, daß es endlich gelungen ist, die Regierung zu bewegen, einen Zoll von 50 Pfg. pro Doppelzentner in den Tarif einzusetzen. Meine Herren, diesen Zoll hat unsere Regierung bei den Vertragsverhandlungen mit der Schweiz fallen lassen. Es ist das ein Vorgang, der in allen Industriekreisen, namentlich aber in den Kreisen der Zementindustrie, und ganz besonders in den Kreisen des Centralverbandes unbegreiflich erscheinen muß.

Sie sehen aber, meine Herren, solche Unbegreiflichkeiten sind in diesen neuesten Verhandlungen vorgekommen. Wir haben es aufs schmerzlichste zu beklagen, daß es so gekommen ist, aber der Centralverband hat seine Pflicht und Schuldigkeit getan.

Vorsitzender: Meine Herren, ich darf wohl in Ihrer aller Namen den Herren Referenten für ihre Ausführungen danken.

Ich eröffne die Diskussion zu dem Bericht über die Handelsverträge und die daran angeschlossenen Vorträge.

Direktor **Schott**-Heidelberg: Meine Herren, ich hatte die Absicht, mich zum Worte zu melden, um auch über unsere Industrie einige Worte zu sagen, aber wegen der vorgerückten Zeit verzichtet. Nachdem nun aber Herr Generalsekretär Bueck so freundlich war, die soeben gehörten Mitteilungen zu machen, möchte ich nicht unterlassen, hier voll und ganz anzuerkennen, daß wir seitens des Centralverbandes die größte Unterstützung gefunden haben in unseren Bemühungen, einen Zoll für Zement zu erreichen.

Leider sind unsere Bemühungen vollständig erfolglos geblieben. Wohl hatten wir, wie der Herr Generalsekretär ja erwähnte, in dem Zolltarif einen Zoll von 50 Pfg. für 100 kg erreicht, aber sehr bald zeigten die Zollvertragsverhandlungen, daß dieser Zementzoll von vornherein als Kompensationsobjekt gedacht war. Was dafür eingetauscht worden ist im Laufe der Vertragsverhandlungen, ob überhaupt etwas dafür eingetauscht ist, entzieht sich unserer Kenntnis.

Die schlimmen Folgen der Zollfreiheit des Zements haben sich viel schneller fühlbar gemacht, als wir gedacht hatten. Heute schon werden ganze Schiffsladungen Zement den Rhein hinaufgeschleppt aus belgischen Fabriken, die sehr billige Kohlen zur Verfügung haben, die mit Arbeitslöhnen arbeiten, die etwa die Hälfte der unserigen betragen, die nicht belastet sind durch die soziale Gesetzgebung und die mit Rohmaterialien arbeiten, wie wir sie in Deutschland nicht haben. Es handelt sich um belgische Fabriken, die Rohmaterialien haben, welche einfach nur gebrannt und gemahlen zu werden brauchen, um Zement zu liefern. Diese Fabriken senden heute bereits ganze Schiffsladungen den Rhein hinauf nach Mannheim, und von dort wird der Zement weiter per Bahn bis weit nach Württemberg hinein versandt, drückt auf die Preise und nimmt unserer Industrie, die immer noch unter einer großen Ueberproduktion leidet — die meisten unserer Fabriken sind heute nur mit 50 bis 60 pCt. beschäftigt — den Absatz. Daß nicht dieselben Verhältnisse an den Grenzen von Oesterreich und der Schweiz eingetreten sind, haben wir nur dem Umstande zu verdanken, daß unsere Industrie sich syndiziert und sich noch rechtzeitig durch Verträge mit den österreichischen und schweizerischen Fabriken wenigstens auf eine Reihe von Jahren geschützt hat. Was die Zukunft von dort her bringen wird, läßt sich leider heute noch nicht übersehen. Dagegen versuchen auch bereits neuerdings französische Fabriken, uns im Elsaß den Markt streitig zu machen.

Vorsitzender: Eine weitere Diskussion wird nicht gewünscht, und wir kommen nun zum dritten Gegenstande des Vortrages des Herrn Generalsekretärs über die Wasserstraßenvorlage. Ich eröffne die Diskussion hierüber.

Geheimer Kommerzienrat **Kirdorf**-Gelsenkirchen: Meine Herren, mit einem Wort möchte ich den Ausführungen des Herrn Bueck dahin bloß entgegentreten, daß doch vielfach in der Industrie, wenigstens von mir und vielen Freunden, die Ansicht vertreten ist, daß die wasserwirtschaftliche Vorlage, wie sie jetzt beschlossen ist, eher eine wirtschaftliche Gefahr als ein Vorteil ist; ich glaube, daß die Industrie mit großen Bedenken diesem Gesetz entgegentreten muß und auch mit großer Vorsicht die Frage prüfen muß, wie gegenüber den Garantien Stellung zu nehmen ist, die jetzt die einzelnen Provinzen zu leisten haben. Die Bergwerksindustrie von Rheinland und Westfalen hat sich fast geschlossen gegen die wasserwirtschaftliche Vorlage in der jetzigen Form ausgesprochen.

Vorsitzender: Meine Herren, es wird keine Diskussion mehr gewünscht, und wir kommen nun zu Nr. 3 der Tagesordnung.

Bevor ich jedoch darauf eingehe, gestatten Sie mir noch die Mitteilung, daß entsprechend der Bemerkung auf der Einladung, „eine Ergänzung der Tagesordnung bleibt vorbehalten", noch ein brennender Punkt als vierter Punkt auf die Tagesordnung gesetzt worden ist über das Thema der Tarifverträge zwischen Arbeitnehmern und Arbeitgebern.

Nr. 3 der Tagesordnung heißt:

Die Bestrebungen auf Verkürzung der Arbeitszeit der industriellen Arbeiterinnen auf 10 Stunden.

Herr Regierungsrat Dr. Leidig wird die Güte haben, das Referat zu erstatten.

Berichterstatter Regierungsrat Dr. **Leidig**-Berlin: Meine geehrten Herren! Es ist noch nicht 15 Jahre her, daß überhaupt erst gesetzliche Bestimmungen über die Begrenzung des Arbeitstages der erwachsenen Arbeiterinnen in Deutschland eingeführt worden sind. Diese Vorschriften gehen, wie Ihnen allen bekannt ist, dahin, daß zur Zeit als Höchstmaß ein elfstündiger Arbeitstag für erwachsene Arbeiterinnen vorgeschrieben ist. In den seit 1891 verflossenen Jahren, in denen sich zudem im ganzen und in den einzelnen Industrien ein Auf und Nieder der Konjunktur gezeigt hat, in dieser doch verhältnismäßig kurzen Zeit hat sich die Industrie, man möchte sagen, eben erst mit dieser Neuerung einzurichten gelernt, und doch herrscht bereits seit einer Reihe von Jahren in weiten Kreisen der Sozialdemokratie, der Parlamentarier und, man kann wohl auch sagen, eines Teiles der Regierung ein immer intensiver werdendes Streben danach, baldigst eine weitere Verkürzung, und zwar eine gesetzliche Verkürzung der Arbeitszeit der Arbeiterinnen bis herab auf 10 Stunden durchzuführen. Diese Bewegung, die namentlich auch von der Gesellschaft für Sozialreform getragen wird und der sich als parlamentarische Hilfs- und Schutztruppe vor allem das Zentrum angeschlossen hat — diese Bewegung hat vor einigen Wochen zu der wie ich annehmen darf, Ihnen bekannten Interpellation Trimborn im Reichstage geführt.

Meine Herren, Sie sehen, es ist sehr populär, dafür einzutreten, daß die Arbeitszeit der Arbeiterinnen immer weiter verkürzt wird, aber es kann nicht Aufgabe des Centralverbandes sein, sich mit Fragen zu beschäftigen und zu Fragen Stellung zu nehmen in dem Sinne, was populär ist oder was nicht populär ist, sondern hier in den Kreisen praktischer Industrieller muß Stellung genommen werden zu solchen Fragen nach dem dauernden wirtschaftlichen Bedürfnis der Industrie und — ich glaube darauf später zurückkommen zu können — des deutschen Vaterlandes im ganzen.

Auf Veranlassung der Reichsregierung sind durch die einzelnen Gewerbeinspektoren des Deutschen Reiches eine Reihe von Gutachten abgegeben worden, die sich auf die Verhältnisse am 1. Oktober 1902 beziehen, und diese Gutachten, die ja zum Teil schon früher von den einzelnen Landesregierungen, beispielsweise von Preußen, veröffentlicht worden sind, sind nunmehr in einem ziemlich voluminösen Bande von dem Reichsamt des Innern veröffentlicht worden. Meine Herren, sie enthalten des Interessanten viel. Ich muß aber von vornherein bemerken, daß sich auch bei diesen Gutachten zeigt, daß zahlreiche Männer auch in amtlichen Stellungen sich doch nicht genügend widerstandsfähig halten gegen Strömungen, wie sie jeweils in den einzelnen Zeiten mächtig werden. Ich glaube, jeder, der diese Gutachten und Berichte der einzelnen Gewerbeinspektoren durchliest, wird zu der Anschauung kommen, daß bei einer ganzen Reihe der Gutachter eigentlich die Anschauung über das Schlußergebnis, zu dem sie kommen wollten, schon von vornherein bei dem Beginne der Untersuchung feststand — feststand um deswillen, weil sie, wie ich mich schon ausdrückte, von vornherein in dem Bann derjenigen Erörterungen und derjenigen Anschauungen standen, die von weiten sozialpolitischen Kreisen, wie gesagt, vertreten werden, daß eine Verkürzung der Arbeitszeiten der Arbeiterinnen notwendig sei. Immerhin ergeben die Untersuchungen auch in dieser Beschränkung viel des wertvollsten Materials.

Gestatten Sie mir, einiges aus diesen Untersuchungen und Gutachten zu Ihrer Kenntnis zu bringen.

Nach den Feststellungen, die aus Anlaß einer anderen Enquete vorgenommen worden sind, wurden im Jahre 1902 von der deutschen Industrie, das heißt den Fabriken und den ihnen gleichgestellten Anlagen, insgesamt 4849108 Arbeiter beschäftigt, und unter diesen Arbeitern fand sich die Zahl von 860087 Arbeiterinnen. Sie sehen, ein wie bedeutender Prozentsatz der Arbeitskräfte auch heute, und, ich darf hinzufügen, in einzelnen Industrien in steigendem Maße, von den weiblichen Arbeitern gestellt wird.

Die Verteilung dieser weiblichen Arbeitskräfte auf die einzelnen Industrien ist nun allerdings ganz ungemein verschieden. In der Textilindustrie waren am 1. Oktober 1902 beschäftigt 348538 Arbeiterinnen — die Herren gestatten mir bei den weiteren Mitteilungen wohl, die Hunderte wegzulassen —, von sämtlichen in Deutschland in den Fabriken beschäftigten Arbeiterinnen macht dies fast 43 pCt. aus. Diejenige Industrie, die nächstdem die meisten Arbeiterinnen beschäftigt, ist die Industrie der Nahrungs- und Genußmittel. Es finden sich dort 119745 oder fast 15 pCt. aller beschäftigten Arbeiterinnen. In der Industrie der Bekleidung und Reinigung finden die Herren 93000, oder 11 pCt. aller beschäftigten Arbeiterinnen in Tätigkeit, und die sämtlichen übrigen Industrien stehen dann mit erheblich geringeren Zahlen hier zu Buche. Es mag gestattet sein, noch einige weitere Zahlen zu nennen. Die Industrie der Steine und Erden hat 49000 Arbeiterinnen, die Metallverarbeitung 44000 Arbeiterinnen, die Papierindustrie gleichfalls 44000 Arbeiterinnen, bei den anderen Industrien geht die Zahl unter 40000 herunter.

Was nun die Arbeitszeit dieser Arbeiterinnen anlangt, soweit sie am 1. Oktober 1902 festgestellt ist, so ergeben die Berichte darüber folgendes: In der Textilindustrie waren von den, wie vorher angeführt, insgesamt 348000 Arbeiterinnen 101000 Arbeiterinnen oder 29,2 pCt. sämtlicher Arbeiterinnen 10 Stunden und weniger beschäftigt, während 247000 Arbeiterinnen oder rund 71 pCt. zwischen 10 und 11 Stunden beschäftigt waren. In der Industrie der Nahrungs- und Genußmittel finden sich von insgesamt rund 120000 Arbeiterinnen rund 80000 Arbeiterinnen, die 10 und weniger Stunden beschäftigt waren, 40000 Arbeiterinnen oder 33 pCt. sämtlicher beschäftigten Arbeiterinnen sind zwischen 10 und 11 Stunden beschäftigt; in der Industrie der Bekleidung und Reinigung endlich finden Sie von 93000 Arbeiterinnen insgesamt 68000 gleich 73 pCt. 10 und weniger Stunden beschäftigt, während rund 25000 Arbeiterinnen zwischen 10 und 11 Stunden beschäftigt sind.

Ich glaube, meine Herren, ich würde Sie ermüden, wenn ich auch für die weiteren Industrien das Zahlenmaterial mitteilen wollte.

In dem Hefte findet sich nun noch eine andere, recht interessante Tabelle, die, soweit es möglich war, nachweist, wie sich innerhalb dieser großen Industriegruppen die einzelnen Industrien zu der Beschäftigung der Arbeiterinnen verhalten. Es mag dabei gestattet sein, lediglich auf diejenige Industrie einzugehen, die in erster Linie bei dieser Frage in Betracht kommt, nämlich die Textilindustrie. Hinsichtlich derjenigen industriellen Betriebe, bei denen hier einzelne Feststellungen getroffen worden sind, ergibt sich folgendes:

In den Fabriken zur Zubereitung von Spinnstoffen — es handelt sich um 113 Betriebe, bei denen derartige Feststellungen getroffen worden sind — sind 10,7 pCt. der Arbeiterinnen 9 Stunden und weniger, 57 pCt. der Arbeiterinnen 9—10 Stunden und 32 pCt. der Arbeiterinnen über 10 Stunden bis 11 Stunden beschäftigt. In der Spinnerei — es sind dort Feststellungen getroffen für Betriebe, die insgesamt 103 000 Arbeiterinnen beschäftigen — sind nicht ganz 1 pCt. der Arbeiterinnen, im ganzen 960 Arbeiterinnen gleich 0,9 pCt. 9 Stunden und weniger, 15 pCt. zwischen 9 und 10 Stunden und 84 pCt. zwischen 10 und 11 Stunden beschäftigt. In der Weberei sind unter insgesamt 135 000 Arbeiterinnen 1,6 pCt. 9 und weniger Stunden, 31 pCt. zwischen 9 und 10 Stunden und 67 pCt. zwischen 10 und 11 Stunden beschäftigt.

Ich glaube, meine Herren, damit darf ich wohl diese Zahlenmitteilungen schließen. Sie sehen, daß in einer erheblichen Anzahl von Industrien, namentlich aber in der Textilindustrie, in der Industrie der Bekleidung nnd Reinigung und in der Nahrungs- und Genußmittelindustrie einmal ein recht großer Teil der sämtlichen Arbeitskräfte dem weiblichen Geschlecht angehört und davon wieder ein sehr erheblicher Teil der Arbeiterinnen zwischen 10 und 11 Stunden beschäftigt ist, daß also die von einzelnen Parteien in Aussicht genommene gesetzliche neue Regelung wenigstens für diese Industrien jedenfalls einen schweren Eingriff in ihre Arbeitsbedingungen herbeiführen würde.

Nun, meine Herren, hat Herr Reichstagsabgeordneter Trimborn bei der Begründung seiner Interpellation gesagt: Herr Staatssekretär — er wandte sich zum Herrn Grafen Posadowsky —, der Apfel ist reif, er muß baldigst gepflückt werden. So ungefähr war der Ausdruck. Ich möchte glauben, meine Herren, daß hier doch von Anschauungen ausgegangen ist, die etwas zu wenig auf die tatsächlichen Verhältnisse Rücksicht genommen haben, und daß sich bei näherer Prüfung der ganzen Sachlage eine Fülle von Bedenken ergibt, die vielleicht es doch der Regierung als notwendig erscheinen lassen müßten, den Apfel bis auf weiteres noch als recht unreif zu betrachten.

Als entscheidend wird von den Verfechtern der Verkürzung der Arbeitszeit der Arbeiterinnen auf 10 Stunden der Grund angeführt, daß eine Arbeitszeit von 11 Stunden für Arbeiterinnen von so erheblichen sanitären Schädigungen begleitet sei, daß die Staatsgewalt hier einschreiten müsse.

Meine Herren, die Entwickelung der deutschen Industrie — Herr Generalsekretär Bueck hat das bereits wiederholt in seinen Ausführungen und in seinen Vorträgen den Herren dargelegt — hat während des Laufes der letzten zwei bis drei Generationen ja eigentlich dauernd dazu geführt, daß die ursprünglich vielleicht recht langen Arbeitszeiten immer weiter herabgesetzt worden sind, und wir sind vielfach heute zu Anschauungen und zu einem Maß der Herabsetzung gekommen, daß ich erlaube mir, nachher darauf zurückzukommen — bei denjenigen, die die Entwickelung unserer deutschen Volkswirtschaft als Ganzes und im engsten Zusammenhange mit den gesamten wirtschaftlichen Verhältnissen unserer Kulturwelt betrachten, sich doch der ernstliche Gedanke und die ernstliche Sorge aufdrängt, ob wir nicht bereits an die Grenze dessen gekommen sind, was mit Rücksicht auf die internationale Wettbewerbsfähigkeit für Deutschland irgendwie zulässig sein kann.

Meine Herren, ich werde ja, glaube ich, keinem Widerspruche hier im Centralverbande begegnen, wenn ich sage: sollten wirklich ernste, schwerwiegende gesundheitliche Schädigungen für Arbeiterinnen in einzelnen Industrien vorliegen, so würde man die Frage der Verkürzung der Arbeitszeit nach den Grundsätzen, die in der Gewerbeordnung auf Grund des § 120e festgestellt sind, zu prüfen haben. Ich möchte aber behaupten — und der Bericht, der mir hier vorliegt, ergibt das, den darf ich für mich anführen —, daß weder in den Kreisen der Arbeiterinnen noch auch von den Gewerbeaufsichtsbeamten irgend welche Tatsachen — meine Herren, ich bin mir der Schwere dieser Behauptung vollkommen bewußt — in diesem Berichte angeführt sind, die dafür sprechen, daß innerhalb der jetzigen Arbeitszeit ernste und erhebliche Schädigungen der Gesundheit der Arbeiterinnen irgendwie eingetreten sind. (Sehr richtig!) Meine Herren, ich finde in dem Bericht nichts weiter, als eine Reihe allgemeiner, ohne jeden Beweis aufgestellter Behauptungen einzelner Gewerbeinspektoren, und, meine Herren, ich finde weiter in diesem Bande eine Reihe von Mitteilungen von Arbeiterorganisationen, denen keine oder sehr wenig Arbeiterinnen angehören. Beispielsweise gilt das von einer großen Arbeiterorganisation, die sich auch lebhaft dafür ausspricht, daß die Arbeitszeit verkürzt werden soll, es ist die im Regierungsbezirk Düsseldorf; dieser Organisation gehören im ganzen 100 Arbeiterinnen an. Die Organisationen der Männer sprechen allerdings von schwerwiegenden sanitären Schädigungen der Frauen durch die jetzige Arbeitszeit, aber meine Herren, die dann weiter von einer Reihe von Gewerbeinspektoren angeführten Aeußerungen der Arbeiterinnen selbst, die sie, wie einzelne angeben, zu Hunderten befragt haben, geben zu, daß in den Kreisen der Arbeiterinnen eine derartige Schädigung nicht befürchtet wird und nicht konstatiert ist. Im Gegenteil, meine Herren, in einem der Berichte heißt es, daß die Fabrikarbeiterinnen — es handelt sich um ländliche Fabriken —, die nach sechs oder sieben Uhr des Abends frei sind und nichts weiter zu tun haben, von den übrigen Arbeiterinnen beneidet werden. Ich darf dies als eine Angabe von amtlicher Stelle konstatieren.

Meine Herren, bis jetzt wenigstens sind also, abgesehen von einem ganz idealen, die Verhältnisse der Wirklichkeit außer acht lassenden Standpunkt, keine schwerwiegenden sanitären Mißstände, die sich aus der jetzigen elfstündigen Arbeitszeit ergeben, konstatiert worden, wobei von vornherein ja allerdings zu bemerken ist, daß jeder, Mann oder Frau, der sich ins wirtschaftliche Leben hineinstellt, der seine Arbeit leisten muß, ohne daß er — lassen die Herren mich den vulgären Ausdruck gebrauchen — dafür sorgen kann, daß er den ganzen Tag in Watte gewickelt ist — ich sage, daß jeder, der in diesen Verhältnissen sich befindet, mag es ein Unternehmer, mag es ein Arbeiter sein, mögen es die Gehilfen der Unternehmer sein, sich selbstverständlich gewissen Schädigungen aussetzt. Wir alle sind bei unserer Arbeit das ganze Leben hindurch gewissen Schädigungen ausgesetzt. Damit muß gerechnet werden, das gehört zu den unvermeidlichen Begleiterscheinungen jeder Kultur und jedes Zusammenlebens vieler Einzelner. Wenn wir aber konstatieren dürfen, daß bis jetzt schwerwiegende sanitäre Mißstände nicht festgestellt worden sind, die nicht auf Grund des etwaigen Vorgehens oder der etwaigen Raterteilung hinsichtlich der einzelnen Betriebe mit Leichtigkeit auch innerhalb der jetzigen gesetzlichen Bestimmungen vollkommen abgestellt werden können, dann glaube ich, tritt doch mit ganz besonderer Bedeutung die Frage an diejenigen Behörden, die sich mit dieser Angelegenheit zu beschäftigen haben, heran, inwieweit denn nun technische Schwierigkeiten für die davon betroffenen Industrien vorliegen, die gegen eine weitere Verkürzung der Arbeitszeit sprechen.

Meine Herren, die Industriellen selbst sind, ich darf wohl sagen, einstimmig der Anschauung, daß eine weitere Verkürzung der täglichen Arbeitszeit für ihre Industrien und ihre Betriebe sehr erhebliche technische Erschwerungen herbeiführen würde. Vor allem, meine Herren, ist dieser Anschauung die gesamte deutsche Spinnerei, und ich gestatte mir, da auf einen besonderen Einwand zurückzukommen.

Meine Herren, als der elfstündige Maximalarbeitstag eingeführt wurde, ist die Auffassung vertreten worden, daß die Anschauung, wie sie von älteren englischen Nationalökonomen ja manchmal ausgesprochen worden ist, erst die letzte Stunde der Arbeit des Arbeiters bringe dem Unternehmer Nutzen, zu verlassen sei. Es ist dann grade im Gegenteil von einer Reihe von Nationalökonomen, Theoretikern und Praktikern, die Behauptung aufgestellt worden, daß der Arbeiter bei einer regelmäßigen Arbeitszeit von nur 11 Stunden nicht so ermüdet sei, wie bei der etwaigen zwölfstündigen Arbeitszeit und daß es ihm daher mit Leichtigkeit möglich werde, dasselbe Arbeitsquantum, das bisher in 12 Stunden fertiggestellt sei, nunmehr auch in 11 Stunden zu leisten. Nach den Erfahrungen, die von den einzelnen Industriellen gemacht worden sind, trifft dies auch bis zu einem gewissen Grade zu. Ich will nicht auf deutsche Verhältnisse Bezug nehmen, ich darf mich aber auf einen Bericht des schweizerischen

Fabrikinspektors Schuler berufen, der Mitteilungen macht über die Erfahrungen eines hervorragenden schweizerischen Textilindustriellen, der allerdings konstatiert, daß er nicht um ein volles Zwölftel der Arbeitstätigkeit geschädigt würde, sondern daß je nach der Verschiedenheit der einzelnen Arbeitsfunktionen auch nur eine geringere Schädigung für ihn eingetreten sei. Meine Herren, das mag bei der Herabsetzung von 14 Stunden, auch von 12 Stunden eine gewisse Berechtigung haben, eigentümlich muß es aber doch berühren, daß nunmehr, nachdem nur wenige Jahre vergangen sind und die Industrie sich kaum erst mit der elfstündigen Arbeitszeit abgefunden, sich damit eingerichtet hat, daß nunmehr ganz dasselbe Spiel wieder beginnt. Meine Herren, jetzt wird von allen Verfechtern der Herabsetzung der Arbeitszeit von 11 Stunden auf 10 Stunden wieder als einer der wichtigsten Rechtfertigungsgründe dieser Maßregel angeführt, daß der Arbeiter in 10 Stunden durch größere Intensivität seiner Arbeit genau dasselbe oder fast dasselbe herstellen könne, wie jetzt in 11 Stunden, das heißt, meine Herren, wenn wir an die früheren Verhandlungen von 1891 denken, wie früher in 12 Stunden, und wenn die Sache nach einigen Jahren weiter geht — und die Tendenz geht ja dahin, zu weiteren Herabsetzungen zu kommen —, dann werden wir nach einigen Jahren genau dieselben Ausführungen wieder für die Arbeitszeit von 9 Stunden hören, und, meine Herren, so erleben wir auf diese Weise die Lösung eines der interessantesten physiologischen Probleme, daß man nämlich schließlich in 5 Minuten dasselbe Maß von Arbeit leisten kann, wie in 12 Stunden.

Meine Herren, es kann nicht meine Aufgabe sein und es liegt außerhalb meiner Fähigkeit, auf die einzelnen Industrien einzugehen. Das wird ja von berufener Seite hier aus der Versammlung noch geschehen. Verweisen darf ich aber darauf — und das ist ja auch in den Berichten der Gewerbeinspektoren von verschiedenen Seiten konstatiert worden —, daß in allen denjenigen Industrien, in denen — und das trifft namentlich für die Spinnerei zu — der Arbeitsertrag in überwiegendem Maße von der Leistung der Maschine abhängt, und in denen eine erhebliche Vermehrung der Tätigkeit und der Leistung der Maschinen nicht mehr möglich ist, wobei ich einfüge, daß mir von verschiedenen hervorragenden Sachverständigen innerhalb der deutschen Spinnerei mitgeteilt worden ist, eine wesentliche Erhöhung der Leistungen der Spinnmaschinen sei zur Zeit und wohl auch in Zukunft mit Rücksicht auf die Beschaffenheit der Rohstoffe nicht mehr möglich — ich sage, daß in allen diesen Fällen ja überhaupt die Möglichkeit, durch eine intensivere Tätigkeit des Arbeiters irgendwelchen Ersatz für die Verminderung der Arbeitszeit herbeizuschaffen, nicht gegeben ist.

Meine Herren, lassen Sie mich dabei noch auf den Punkt hinweisen, daß die Vertreter der Verkürzung der Arbeitszeit sich in einem gewissen Widerspruch mit sich selbst befinden. Ich meine, es müßte doch erwogen werden, ob nicht die Arbeitszeit von 11 Stunden gesundheitlich vielleicht weniger anstrengend ist, als eine immer intensiver werdende Arbeitszeit von 10 Stunden, und immer intensiver soll sie ja werden gerade nach der Anschauung der Vertreter der Verkürzung der Arbeitszeit. Es wird häufig ausgeführt, daß der Arbeiter ein gewisses Maß von geistiger und körperlicher Kraft habe, und über dieses Maß könne er nicht gut hinaus arbeiten, sei das Maß erreicht, so lasse er in seiner Arbeit nach. Vor 15 Jahren lag das Maß der Geistes- und Körperkraft der Arbeiterinnen bei einer Tätigkeit von 11 Stunden, inzwischen hat sich die geistige und körperliche Kraft anscheinend verringert, sie soll jetzt bei 10 Stunden liegen. Meine Herren, ich möchte lediglich darauf hinweisen, daß sich hier ein Widerspruch befindet, der von anderer Seite vielleicht gelöst werden kann.

Es tritt aber nun zu allen diesen Fragen, die sich mit der Organisation der Industrie selbst beschäftigen, zu den Bedenken der technischen Betriebsausgestaltung die weitere Frage hinzu, wie sich denn die Verkürzung der Arbeitszeit in Einklang bringen läßt mit der Konkurrenz des Auslandes. Meine Herren, bisher haben nur zwei europäische Staaten einen Arbeitstag eingeführt, der kürzer ist als 11 Stunden. Der eine ist England. Dort hat ja gerade die Textilindustrie bis vor wenigen Jahren einen weit herrschenden Einfluß, eine weit herrschende Stellung auf dem Weltmarkt gehabt. Sie hat sie auch heute noch in hervorragendem Maße. Dort ist die Arbeitszeit der Arbeiterinnen festgestellt worden für die Textilindustrie auf wöchentlich $55^1/_2$ Stunden, für die übrigen Industrien ist sie zum Teil etwas höher festgelegt. In Frankreich ist der zehnstündige Arbeitstag für Arbeiterinnen seit dem 31. März 1904 gesetzlich eingeführt worden. Aehnlich liegen die Verhältnisse in den Vereinigten Staaten von Amerika. Da ist allerdings ein anderes Prinzip durchzuführen versucht worden. Es ist dort die 60stündige Arbeitswoche eingeführt worden. Aber, meine Herren, ich darf gleich dazu bemerken, daß nach den Mitteilungen zahlreicher Sachverständiger diese 60stündige Arbeitswoche lediglich auf dem Papier steht, und daß die Uebertretungen so zahlreich sein sollen, daß dieses Gesetz nach Mitteilungen, die aus der neuesten Zeit stammen, nicht als wirklich angewandt zu betrachten ist. In den übrigen Staaten, die hier für Deutschland in

Betracht kommen, besteht auch heute noch eine über zehnstündige Arbeitszeit, insbesondere in Italien, wo lediglich die Bestimmung getroffen ist, daß minderjährige Arbeiterinnen nicht über 11 Stunden täglich arbeiten sollen. In Oesterreich, in der Schweiz finden Sie den elfstündigen Arbeitstag, und in Belgien, meine Herren, ist nach einer Bestimmung, die erst vor wenigen Monaten ergangen ist — eines Königlichen Erlasses vom 6. Juli 1904 — angeordnet worden, daß die tägliche Arbeitszeit für Frauen in der Leinen-, Hanf- und Jute-Industrie 11 Stunden, in der Baumwollindustrie wöchentlich 66 Stunden bei Einhaltung eines $11^1/_2$stündigen Maximalarbeitstages betragen soll. Aber, meine Herren, auch diese Bestimmung, die ja erheblich mehr gestattet als unsere deutschen Bestimmungen, gilt nur für Arbeiterinnen unter 21 Jahren, während im übrigen die Arbeitszeit der Arbeiterinnen in Belgien unbeschränkt ist.

Meine Herren, es liegt auf der Hand, daß die Konkurrenzverhältnisse unserer deutschen Industrien, insoweit sie mit dem Auslande zu arbeiten haben, aber nicht nur diese, sondern auch insoweit sie ausländischer Konkurrenz hier auf dem Inlandsmarkte begegnen, nicht unerheblich erschwert werden würden, wenn nunmehr wieder eine Verkürzung der Arbeitszeit unter das jetzt übliche Maß eintreten sollte. Zunächst müßte ja für die Verkürzung der Arbeitszeit eine Reihe von Ausnahmebestimmungen gegeben werden, schon um die Lebensfähigkeit der Kampagne-Industrien zu erhalten, wenn auch nicht nur Sozialpolitiker, sondern auch Gewerbeaufsichtsbeamte in diesem von mir mehrfach erwähnten Berichte sich die Sache in der Weise ganz ungemein leicht machen, daß sie erklären, die Abnehmer dieser Kampagne-Industrien, dieser Saison-Industrien werden sich eben dann auf andere Verhältnisse einrichten müssen — meine Herren, es kann aber auch geschehen, daß sich die Abnehmer der deutschen Produzenten, der deutschen Lieferanten vielleicht in der Weise einrichten, daß sie von dem deutschen Lieferanten zu anderen, ausländischen Lieferanten übergehen, und das ist doch ein Bedenken, das nicht so leicht, wie es von den Gewerbeaufsichtsbeamten geschehen ist, von der Hand gewiesen werden kann. Meine Herren, diese Ausnahmebestimmungen werden zu den vielen gesetzlichen Vorschriften, die den einzelnen Industriellen in der Verfügung über seinen Betrieb beschränken und die zum großen Teil ja gewiß nötig und nützlich sind, die aber doch auch vielfach ungemein scharf in die Bewegungsfreiheit des einzelnen Industriellen eingreifen, zu all diesen Bestimmungen werden sie noch eine Fülle von neuen Beschränkungen, Schwierigkeiten und Hemmungen der Bewegungsfreiheit des Industriellen hinzufügen, und wenn wir bedenken, daß die Konkurrenz der einzelnen im Wirtschaftsleben stehenden Staaten der Kulturwelt immer schärfer wird und daß die Wettbewerbsfähigkeit der deutschen Industrie gerade in den nächsten Jahrzehnten doch auch durch zahlreiche für die deutsche Industrie nicht eben günstige Bestimmungen der Handelsverträge — die ja eben von den einzelnen Vertretern der Industrien den Herren vorgeführt worden sind — erschwert werden wird, dann sollte man es sich, glaube ich, doch wiederholt überlegen, ob gerade jetzt die Zeit dazu angetan ist, um der deutschen Industrie neue Belastungen aufzuerlegen, die sich nicht ganz klar als unumgänglich nötig erweisen.

Meine Herren, in einzelnen Teilen der deutschen Industrie hat sich ja gegenüber den fortschreitenden Experimenten auf dem Gebiete der sozialpolitischen Gesetzgebung ein gewisser Pessimismus verbreitet, und aus diesem Pessimismus heraus haben ja auch Industrielle erklärt, es sei besser, wenn denn überhaupt einmal diese Verhältnisse nicht zu umgehen sind, wenn ein derartiger Eingriff in die Bewegungsfreiheit des Industriellen durchaus nicht zu vermeiden sei, dann schon die Entwickelung bis zu einem gewissen Endpunkte zu führen, d. h. dann anstatt des elfstündigen Maximalarbeitstages für Arbeiterinnen mit den verschiedensten Abstufungen, für Arbeiterinnen unter 16 Jahren, für Jugendliche u. s. w. lieber allgemein den zehnstündigen Maximalarbeitstag einzuführen. Meine Herren, diese pessimistische Anschauung ist ja zum Teil dadurch hervorgerufen, daß namentlich in der Textilindustrie die Einführung des zehnstündigen Maximalarbeitstages für Arbeiterinnen unzweifelhaft zu einem allgemeinen Maximalarbeitstage führen würde, weil nach allen Mitteilungen, die uns aus der Industrie von Sachkundigen gemacht worden sind, das Zusammenarbeiten von Arbeitern und Arbeiterinnen in der Textilindustrie ein derart inniges ist, daß die Arbeiter und Arbeiterinnen derart auf einander angewiesen sind, daß es den Industriellen nicht möglich sein würde, irgendwie die Beschäftigungszeit der Arbeiterinnen und der Arbeiter verschieden zu gestalten.

Meine Herren, ein wie energischer und wie schwerer Eingriff durch die Einführung des zehnstündigen Maximalarbeitstages für einzelne auch schon jetzt ungemein bedrängte Industriezweige herbeigeführt würde, das darf ich mit gütiger Erlaubnis des betreffenden Herrn hier vielleicht an der sächsischen Vigogne-Spinnerei ausführen. Meine Herren, es ist von dem Herrn Vertreter der sächsischen Vigogne-Spinnerei berechnet worden, daß für diese Industrie, die heute schon unter ganz ungemein schwierigen Verhältnissen zu kämpfen hat, die zum Teil zur Zeit gradezu einen Kampf um ihr Dasein führt, für insgesamt 625 000 Spindeln, die jetzt in dieser Industrie arbeiten, eine neue Belastung von 1 375 000 M. jährlich entstehen würde, die sie zu ihren weiteren Lasten in ihrem internationalen Wettbewerb tragen müßte.

Meine Herren, gestatten Sie mir, Ihre Blicke hinzulenken auf die Entwickelung der deutschen und der Industrie überhaupt, wie sie sich im Laufe der letzten Generationen allmählich gestaltet hat. Ich glaube, meine Herren, nichts Falsches zu sagen, wenn ich meine, daß unsere deutsche Industrie ihre Entstehung kaum viel über zwei Generationen zurückführt. Es werden wenige Werke sein, die älter sind, als etwa aus dem Jahre 1830, und wenn wir nun sehen, daß in diesen gut zwei Generationen bereits von einer Reihe von Arbeiterorganisationen, von einer Reihe von Sozialpolitikern und von Regierungen geradezu das Endziel, das von den sozialdemokratischen Parteien und den Gewerkschaften aufgestellt ist, nämlich der achtstündige Arbeitstag, schon in greifbare Nähe gerückt ist, dann sollte man sich doch fragen: was soll denn, wenn wir jetzt durch einen gesetzgeberischen Eingriff zu dem zehnstündigen Arbeitstage kommen, was soll denn in all den vielen Jahrhunderten der Zukunft noch weiter in dieser Entwickelung geschehen, in der die jetzt doch eigentlich erst am Anfang stehende industrielle Entwickelung Deutschlands weiterhin innerhalb der internationalen Wettbewerbsgrenzen arbeiten soll. Man sollte, glaube ich, meinen, daß die Tendenz, die im Laufe der letzten zwei Generationen, wie ich schon vorher angeführt habe, dauernd zur Herabsetzung der Arbeitszeit geführt hat, jetzt bereits dabei ist, zu einem Ueberschreiten aller zulässigen Grenzen zu führen, und, meine Herren, namentlich dann zu führen, wenn die Gesetzgebung sie zu einer Angelegenheit von Zwangsvorschriften machen möchte. Es fragt sich doch, ob die Gesetzgebung nicht weit die ihr zulässiger- und vernünftigerweise gesteckten Grenzen überschreitet, wenn sie nicht zur Bekämpfung ernster, tiefliegender Schäden des Volkslebens, sondern wesentlich um dem sozialen Reformeifer gewisser Kreise entgegenzukommen, hier Zwangsbestimmungen trifft, die sehr weite industrielle Kreise auf das ernstlichste zu gefährden geeignet sind, und ich möchte glauben, meine Herren, daß wir gerade in den jetzigen, doch ungemein schwierigen Zeitläuften für die Aufrechterhaltung der Weltstellung Deutschlands und der deutschen Industrie überhaupt überlegen müssen, ob denn diese immer weiter gehende Fürsorge für das individuelle Wohl sich vollkommen im Einklang befindet und im Einklange befinden kann mit der vielleicht höheren Aufgabe der deutschen Nation und des deutschen Volkes als solchen, seine Weltstellung in dem wirtschaftlichen Kampfe der Kulturwelt zu behalten und zu erhöhen. Ich glaube, meine Herren, es würde das nicht geschehen, wenn jetzt oder auch in der nächsten Zeit, in absehbarer Zeit die Gesetzgebung auf diesem Gebiete eingreifen wollte. Jedenfalls aber ist die Voraussetzung jedes weiteren gesetzgeberischen Schrittes, daß nur gleichzeitig mit den übrigen zunächst für Deutschlands Industrie in Betracht kommenden konkurrierenden Industriestaaten vorgegangen wird. Aber nicht bloß das, meine Herren, Gesetze sind nur ein Stück Papier. Es kommt darauf an, wie sie ausgeführt werden, und es müßten jedenfalls Maßnahmen und Kontrollen geschaffen werden, die der deutschen Industrie die Ueberzeugung geben, daß auch in den anderen Staaten, die eine Verkürzung der Arbeitszeit bei sich einführen wollen, in genau derselben Weise eine sorgfältige Kontrolle über die Innehaltung der gesetzlichen Bestimmungen eintritt, wie es in Deutschland in solchen Fällen geschieht. Ich habe mir ja erlaubt, darauf hinzuweisen, daß beispielsweise nach allen Mitteilungen in den Vereinigten Staaten von Amerika irgend eine Sicherheit für eine derartige sorgfältige Durchführung nicht gegeben ist.

Meine Herren, ich resümiere mich dahin, daß ich glaube, die deutsche Industrie ist berechtigt und verpflichtet, sich gegen die gesetzgeberischen Eingriffe, die zu einer weiteren Verkürzung der Arbeitszeit der Arbeiterinnen führen wollen, auszusprechen, weil es sich, nachdem vor kaum viel länger als einem Jahrzehnt die Festsetzung des Maximalarbeitstages auf 11 Stunden stattgefunden hat, jetzt um eine Maßregel handeln würde, die nicht aus sachlichen Gründen, sondern lediglich aus prinzipiellen Gründen eines Teiles unserer Sozialreformer heraus, tiefe und schädigende Eingriffe in weite Kreise der deutschen Industrie herbeiführen würde.

Ich darf die Herren im Auftrage des Direktoriums bitten, sich den Beschlußanträgen, die Ihnen nach dieser Richtung hin vom Direktorium vorgelegt worden sind, freundlichst anschließen zu wollen. (Lebhafter Beifall.)

Die Anträge lauten folgendermaßen:

Beschlußantrag
betreffend die Verkürzung der Arbeitszeit erwachsener Arbeiterinnen auf zehn Stunden.

Der Centralverband Deutscher Industrieller ist der Ueberzeugung, daß die gesetzliche Festlegung des zehnstündigen Maximalarbeitstages für Arbeiterinnen zur Zeit für eine Anzahl Industrien erhebliche Schwierigkeiten, für die

Textilindustrie insbesondere auch eine ernste Bedrohung ihrer internationalen Wettbewerbsfähigkeit herbeiführen würde, während er andererseits nicht anzuerkennen vermag, daß die jetzt in den einzelnen Industrien üblichen Arbeitszeiten zu irgendwie wesentlichen Schädigungen der Arbeiterinnen geführt haben.

Im gegenwärtigen Zeitpunkt, wo die Existenzbedingungen weiter Kreise der deutschen Industrie durch die neuen Handelsverträge erheblich schwieriger werden wie bisher, hält der Centralverband Deutscher Industrieller eine neue Belastung der Industrie durch die Gesetzgebung für besonders unangebracht.

Jedenfalls ist die unbedingte Voraussetzung jeder gesetzlichen Verkürzung der Arbeitszeit der Frauen auf zehn Stunden, daß diese gleiche Verkürzung auch in den mit der deutschen Industrie konkurrierenden Staaten, insbesondere in der Schweiz, Italien, Belgien und Oesterreich eingeführt, und daß namentlich auch von diesen Staaten ausreichende Garantien dafür gegeben werden, daß die Durchführung dieser gesetzlichen Vorschriften unter eine ebenso sorgfältige Kontrolle, wie sie in Deutschland besteht, gestellt werde.

Vorsitzender: Meine Herren, ich eröffne die Diskussion über den Vortrag sowohl als über die Ihnen vorgelegten Beschlußanträge und gebe das Wort Herrn Kommerzienrat Groß.

Kommerzienrat **Groß**-Augsburg: Meine Herren, ich erkläre mich mit den vorgelegten Resolutionen durchaus einverstanden.

Ich erlaube mir noch auf einige Punkte des Vortrages insofern zurückzukommen, als ich zunächst die Frage streifen möchte, ob durch eine intensivere Arbeit die Produktion auf der gleichen Höhe erhalten werden kann. In einem gewissen Maße muß ich das zugeben für die Reduktion von 14 auf 13 und vielleicht auch von 13 auf 12, von 12 auf 11 Stunden, aber, was dabei nirgends erwähnt ist, das ist, daß diese gleichbleibende Produktion nicht nur durch die intensivere Arbeit des Arbeiters hervorgerufen wird. Es ist das ja in sehr vielen Fällen garnicht möglich. Ich gebe das für die Weberei bis zu einem gewissen Maße zu; bei der Spinnerei aber, wo alles von der Arbeit der Maschinen abhängig ist, ist eine intensivere Arbeit des Spinners überhaupt nicht möglich. Man erwähnt dabei eben nicht, daß die Maschinen sich wesentlich gebessert haben. Wenn wir heute unsere Spindeln mit 10 000 Touren in der Minute laufen lassen, wo sie früher mit

8000 Touren gelaufen sind, wird dadurch natürlicher Weise eine Vermehrung der Produktion auch in der kürzeren Zeit herbeigeführt. Das hängt aber nicht von dem Arbeiter ab, sondern von der Maschine. Damit sind wir aber, glaube ich, an der Grenze angelangt. Ich glaube nicht, daß es möglich sein wird, Maschinen zu konstruieren, die noch schneller laufen, als die jetzigen. Das ist der eine Punkt. Der andere Punkt, den ich berühren möchte, ist der: Der Berichterstatter erwähnte, daß wohl unter dem Einfluß eines gewissen Pessimismus man sich für den allgemeinen zehnstündigen Arbeitstag erklärt hätte. Meine Herren, das ist wohl eine mißverständliche Auffassung einer Mitteilung des Vereins süddeutscher Baumwollindustrieller. Wir haben in einem Rundschreiben an unsere Mitglieder den Standpunkt, den der Ausschuß und das Direktorium des Vereins süddeutscher Baumwollenindustrieller einnimmt, dahin präzisiert, daß wir sagen — es handelte sich um die Frage der Verkürzung der Arbeitszeit der Arbeiterinnen —: Wir anerkennen nicht die Notwendigkeit einer Reduzierung der Arbeitszeit. Wir wenden uns gegen die verschiedenen Vorschläge, die dem Reichstage vorliegen, gegen die Anträge, die von verschiedenen Seiten gestellt wurden auf eine immer weitere Reduktion der Arbeitszeit der Arbeiterinnen, je nach den verschiedenen Kategorien. Jetzt haben wir für die jugendlichen Arbeiterinnen bis zu 16 Jahren eine gewisse Beschränkung, es soll eine Beschränkung eintreten für die Arbeiterinnen von 16—18 Jahren, dann wird man auf die Beschränkung bis zum 21. Jahre kommen. Ich sehe nun garnicht ein, warum eine 20jährige Arbeiterin nicht soviel leisten kann, wie eine 22jährige. Das kommt doch ganz auf ihre Persönlichkeit an. Dann ferner die Differenzierung der verheirateten und unverheirateten Frauen, ein weiterer Schutz für die, die ihr Hauswesen zu besorgen haben, dann für die Frauen, die Kinder bekommen, daß man womöglich nicht nur nach der Entbindung, sondern auch so und solange vor der Entbindung eine gewisse Schutzzeit einführen soll. Da haben wir uns dahin ausgesprochen, daß gegenüber diesen verschiedenen Differenzierungen, die ein furchtbares Durcheinander in jeder Fabrik hervorrufen müssen, der allgemeine 10stündige Arbeitstag für die Arbeiterinnen vorzuziehen sei, trotzdem eine solche Maßregel bei den Verhältnissen der Textilindustrie bedeuten würde, daß damit auch eine allgemeine 10stündige Arbeitszeit für die Männer eingeführt würde, was natürlich die Industrie wesentlich schädigen würde. Wir können in unserer Industrie keinen Unterschied machen zwischen männlichen und weiblichen Arbeitern. Es wird so Hand in Hand gearbeitet, daß die Arbeitszeit derselben absolut die gleiche sein muß. Aus diesen Gesichtspunkten haben wir uns dahin ausgesprochen, daß das kleinere Uebel gegenüber diesen Differenzierungen der allgemeine 10 stündige Arbeitstag für Arbeiterinnen sein würde.

Also, ich glaube, das ist doch eine Anschauung, die auch eine gewisse Berechtigung hätte. Wir halten das für das geringere Uebel. Ich wollte also nur korrigieren, daß wir uns nicht aus einer pessimistischen Auffassung für den 10 stündigen Arbeitstag ausgesprochen, sondern nur in dem eben ausgeführten Sinne.

Generalsekretär Dr. **Fiebelkorn**-Berlin: Meine Herren, ich möchte Sie bitten, mir als Vertreter des Verbandes Deutscher Tonindustrieller einige Minuten Aufmerksamkeit zu schenken. Selbstverständlich kann sich die deutsche Ziegelindustrie mit der Eisen-, Montan- und Textil-Industrie an Zahl der Arbeiterinnen in keiner Weise messen. Trotzdem aber, meine Herren, glaube ich doch, daß wir ein gewisses Anrecht darauf haben', unsere Wünsche auch auf diesem Gebiete berücksichtigt zu sehen.

Es gibt heute in Deutschland rund 13 000 Ziegeleien, die ohne Maschinenbetrieb arbeiten. Auf ihnen werden eine beträchtliche Anzahl von Arbeiterinnen beschäftigt, die in erster Linie ihre Tätigkeit beim Aufkanten der Handstrichziegel ausüben. Weiter haben wir in Deutschland noch rund 5000 Ziegeleien, die mit Dampfbetrieb arbeiten, und auch hier ist eine große Anzahl von Arbeiterinnen tätig. Ich muß es mir im Hinblick auf die schon vorgeschrittene Zeit versagen, Ihnen ein Bild von der Arbeit der Frauen auf den Dampfziegeleien zu geben, und will daher hier nur bemerken, daß für uns in erster Linie der Umstand in Betracht kommt, daß die Frauen vielfach mit den Männern zusammen arbeiten. Am charakteristischsten zeigt sich dies an der Revolverpresse zur Herstellung der Falzziegel. Das Vorbereiten und Heranschaffen der sogenannten Tonblätter zur Falzziegelpresse findet durch Männer statt. An der Presse wirft ein Mann das Tonblatt auf die Form, ein anderer nimmt den fertigen Preßling dem ersten gegenüber ab und legt ihn, das Auflagebrettchen nach unten, auf einen Tisch, an dessen Seiten je zwei Frauen einander gegenüberstehen. Jede Frau putzt eine Kante des Preßlings mit einer leichten Drahtgabel oder einem kleinen Messer, zwei von ihnen schneiden je eine gegenüberliegende Ecke heraus und eine sticht das Loch für die Aufnahme des Drahtes zum Anbinden des Falzziegels an die Latte. Ist der Formling, den eine Frau der anderen zuschiebt, an sämtlichen vier Frauen vorübergegangen, so legt ihn eine weitere Frau mit dem Rähmchen nach unten auf den Wagen. Für diese leichten Arbeiten können Männer nicht verwendet werden, weil sie eine zu schwere Hand haben. Ein Mann fährt dann den Wagen in die Trockenkanäle oder Trockengerüste.

Sie sehen also, meine Herren, wie innig die Tätigkeit der Frauen und Männer ineinander übergeht. Nun könnte ja allerdings, wie manche Gewerberäte meinen, die Frau auch durch den Mann ersetzt werden, und die Schwierigkeit wäre dann auf einfache Weise gehoben. Indessen darf man dabei nicht vergessen, daß die Frauen einen bedeutend geringeren Lohn als die Männer erhalten und infolgedessen die betreffenden Ziegeleien, welche die Frauen durch Männer ersetzen wollten, gezwungen wären, ihre Lohnausgaben wesentlich zu erhöhen. Wer jedoch von dem Ziegeleiwesen etwas versteht, weiß, daß es besonders den Verblendziegel- und Dachziegelfabrikanten herzlich schlecht geht und keiner von beiden Industriezweigen in der Lage ist, seine Löhne noch mehr zu erhöhen, als dies schon jetzt der Fall ist. Würde aber andererseits ein Ersatz der Frauen durch die Männer nicht möglich sein, so würde die Ziegelindustrie naturgemäß dahin kommen müssen, daß die Männer nicht länger arbeiten könnten, als die Frauen. Die zehnstündige Arbeitszeit würde dann in den Ziegeleien allmählich zur Einführung kommen. Wir würden dies auf das Lebhafteste bedauern, und zahlreiche Werke unserer Industrie würden auf das Empfindlichste geschädigt werden, umsomehr, als doch gerade die Ziegelindustrie vielfach in bedeutend höherem Maße als andere Industriezweige von dem Wetter abhängig ist und besonders an schönen Tagen auf vielen Werken nach Möglichkeit lange gearbeitet werden muß, während an schlechten Tagen unter Umständen der Betrieb so gut wie ganz stockt. Ich bitte das Direktorium des Centralverbandes daher, auch für die Ziegelindustrie seinen Einfluß geltend zu machen.

Im Anschlusse an die Ausführungen des Herrn Regierungsrates Dr. Leidig möchte ich mir ferner erlauben, darauf hinzuweisen, daß meine Erfahrungen hinsichtlich der Berichte der Gewerberäte sich mit den Mitteilungen decken, die uns Herr Regierungsrat Dr. Leidig über die Berichte betreffend zehnstündiger Arbeitszeit der Frauen gemacht hat. Die Jahresberichte unserer preußischen Regierungs- und Gewerberäte leiden daran, daß eine große Anzahl Mitteilungen aus den verschiedensten Industriezweigen willkürlich nebeneinander gestellt werden und daß vor allen Dingen, wie Herr Regierungsrat Dr. Leidig schon bemerkt hat, die Gewerberäte häufig nur zu sehr von vornherein geneigt sind, das zu beobachten, was sie gern beobachten möchten. Ich habe mir seit Jahren die Mühe genommen, Auszüge aus den Berichten der preußischen Regierungs- und Gewerberäte über die Ziegelindustrie anzufertigen, und ich habe dabei gesehen, daß das

Bild, welches sich in diesen Auszügen hinsichtlich der sozialen Lage der Ziegelindustrie bietet, in keiner Weise zutrifft, sondern ein Zerrbild darstellt. Ich darf ohne weiteres annehmen, daß das, was ich über die Ziegelindustrie sage, auch für die anderen Industriezweige zutrifft. Dies dürfte umsomehr der Fall sein, als die Gewerberäte viel zu wenige Betriebe im Jahre besichtigen, als daß sie in der Lage wären, ein wirklich zutreffendes Bild von den einzelnen Industriezweigen zu geben. Soviel ich weiß, hat sich der Centralverband schon früher mit derselben Frage beschäftigt, und ich möchte im Namen des von mir vertretenen Verbandes dem Direktorium die Bitte aussprechen, ch von neuem mit den Berichten der Regierungs- und Gewerberäte zu befassen. Die Sache wäre an und für sich ganz gleichgültig, wenn nicht von den Behörden fortgesetzt gerade das in den Berichten gesammelte Material als Grundlage für gesetzliche Bestimmungen der verschiedensten Art benutzt würde. Leider drucken auch die Fachpresse und die Tagespresse Teile der Jahresberichte fortgesetzt kritiklos ab, und die Folge davon ist dann, daß sich die Lage der einzelnen Industriezweige in dem Kopfe vieler Leute wesentlich anders und trauriger darstellt, als sie in Wirklichkeit ist. Ich glaube daher, es wäre sehr angebracht, wenn das Direktorium des Centralverbandes seine Aufmerksamkeit von neuem auch auf die Frage der Abänderung der Berichte der preußischen Regierungs- und Gewerberäte lenkte.

Kommerzienrat **Sartorius**-Bielefeld: Meine Herren, ich bin heute hier als Delegierter des Verbandes Deutscher Leinenindustrieller, und als solcher muß ich mich für den Antrag aussprechen, wie er vom Centralverbande gestellt ist. Ich bin aber auch hier als Direktor der Ravensberger Flachsspinnerei in Bielefeld, und als solcher muß ich mich auf das Entschiedenste für den zehnstündigen Arbeitstag aussprechen, und ich wünsche, daß derselbe möglichst bald gesetzlich eingeführt wird.

Ich will Ihnen nun diesen absonderlichen Widerspruch erklären. Sehen Sie, in Bielefeld hat die ganze Industrie mit Ausnahme der beiden dortigen Flachsspinnereien keine längere Arbeitszeit als höchstens 10 Stunden. Die dort so stark entwickelte Textilindustrie, die allerdings, abgesehen von den beiden Flachsspinnereien, nur in Weberei und in den Konfektionsfabriken, also in der Herstellung von Wäscheartikeln besteht, hat in maximo eine 60stündige Arbeitszeit, aber auch diese haben nur ganz wenige, und sonst ist die Arbeitszeit in diesen sämtlichen Textilfabriken zwischen 57 und 60 Stunden. Sehr viele haben nur 57, auch Webereien haben nur 58, 58½, wir Spinner allein haben noch 63. Wir können diese Arbeitszeit absolut nicht mehr lange aufrecht erhalten, und wir würden schon davon abgegangen sein, wenn nicht die Rücksicht auf die übrigen deutschen Flachsspinnereien uns daran gehindert hätte. Allein wir können nicht mehr lange dabei bleiben, wir sehen sogar voraus, daß wir in der nächsten Zeit schwere Kämpfe durchzumachen haben werden, namentlich bei den ungeheuer schwierigen Arbeiterverhältnissen, die wir in Bielefeld haben, besonders hinsichtlich der weiblichen Arbeiter; was die männlichen betrifft, so ist das dort nicht so schlimm. Ich will Ihnen nur z. B. anführen, daß unsere Spinnerei 75 pCt. ihres Arbeiterstammes, des männlichen wie des weiblichen, nicht etwa aus Bielefeld und Umgegend, aus Westfalen und den angrenzenden Gebieten hat, sondern 75 pCt. sind aus Ostpreußen und zwar beinahe ausschließlich aus dem Regierungsbezirk Gumbinnen. Es ist mir eigentlich nicht ganz angenehm, daß ich das so öffentlich sagen muß aus zwei Gründen: erstens könnte es in Ostpreußen bekannt werden, und das wird uns von da nicht gerade eine sehr liebenswürdige Beurteilung eintragen, und zweitens würde ich garnicht gern sehen, wenn die Industriellen, denen ich das sage, nun auch uns Konkurrenz machten mit dem Bezuge von Leuten aus Ostpreußen.

So also sind unsere Arbeiterverhältnisse, da kann man nicht so leicht gegen den Strom schwimmen. Wir werden gezwungen sein, unsere Arbeitszeit auf 60 Stunden zu reduzieren. Deshalb würde es nicht nur mir, sondern auch der Direktion der anderen Spinnerei sehr lieb sein, wenn gesetzlich die Arbeitszeit auf 10 Stunden festgelegt würde. Dann würden unsere Konkurrenten auch dazu gezwungen sein. Wir haben 63 Stunden, aber die Schlesier haben ziemlich allgemein noch 66 Stunden, also sind sie uns in dieser Beziehung überlegen, die Schlesier haben außerdem aber garnicht mit den unsrigen zu vergleichende wohlfeilere Arbeitslöhne. Wenn ich Ihnen da Zahlen angeben wollte — ich könnte sie Ihnen ja ganz genau angeben —, dann würden vielleicht die Herren den Kopf schütteln und meinen, es wird doch nicht so sein. Aber ich kann Ihnen versichern, daß man in Schlesien durchschnittlich um 30 pCt. niedrigere Löhne hat in der Flachsspinnerei, als wir sie haben. Deshalb kann es uns nur erwünscht sein, wenn der zehnstündige Arbeitstag gesetzlich eingeführt wird, weil dann eben alle auf das gleiche Niveau der Arbeitszeit herunterkommen.

Nun, meine Herren, ich mache mir gar keine Illusionen, daß die Reduktion unserer wöchentlichen Arbeitszeit von 63 auf 60 Stunden — wir würden dann nicht einmal 60 Stunden arbeiten, sondern höchstens 59 — zunächst auch eine Reduktion unserer Produktion zur Folge haben würde — das sehe ich sehr wohl ein — und zwar ohne daß wir den Verdienst der Leute vermindern können; das geht wieder nicht. Aber ich trage mich mit der Hoffnung, auch über diesen Berg hinwegzukommen, und diese Hoffnung gründe ich auf meine langjährigen Erfahrungen. Ich bin jetzt 34 Jahre in meiner Stellung bei der Ravensberger Spinnerei. In diesen 34 Jahren ist die Arbeitszeit schon zweimal reduziert worden, und unsere Produktion ist heute um 50 pCt. höher, als ich sie angetroffen habe bei dem Eintritt in meine Stellung, und über jede vorübergehend durch Reduktion der Arbeitszeit verminderte Produktion bin ich allemal wieder hinweggekommen.

Meine Herren, man hat davon gesprochen, und mit vollem Recht, daß die höhere Produktion, die wir heute haben gegenüber vergangenen Zeiten, wo man längere Arbeitszeit hatte, zum größten Teil oder vorzugsweise, ich möchte sagen, ohne Anstand vorzugsweise, den Fortschritten zu verdanken ist, die die Technik gemacht hat. Das ist gar kein Zweifel, aber ich verzweifle auch nicht daran, daß die Technik noch weitere Fortschritte machen wird, und, wie gesagt, ich trage mich mit der Hoffnung, daß wir über diese Verkürzung der Arbeitszeit ohne eine nachhaltige — ich sage nicht ohne eine vorübergehende — Produktionsverminderung hinwegkommen werden.

Aber, meine Herren, ich kann auch nicht umhin, zu sagen, daß eine Verminderung der Arbeitszeit auch die Leistung des Menschen steigert (Kommerzienrat Schlumberger: Nein!). Die Erfahrung habe ich immer gemacht. Ich habe sie durch lange Jahre gemacht und muß dabei bleiben. Ich gebe zu, unsere Arbeiterinnen sind in ihrer Produktion eigentlich an das gebunden, was die Maschine leistet, über das kommen sie nicht hinaus. Aber sie können allerdings bei größerer Geschicklichkeit und Gewandtheit auch eine etwas schneller laufende Maschine bedienen. Das wird auch nicht beanstandet werden, wenn ich das sage.

Ganz anders verhält es sich aber bei unseren männlichen Arbeitern. Wir haben nämlich ganze Abteilungen, worin wir nur männliche Arbeiter beschäftigen. Das ist vorzugsweise die Handhechelei. Da haben wir nur männliche Arbeiter, und zwar nur erwachsene männliche Arbeiter. Ja, die könnten viel mehr leisten, als sie leisten (Heiterkeit). Das ist gar keine Frage, und wenn die eine kürzere Arbeitszeit haben, so bringen sie gerade soviel fertig. Die halbe Stunde werden sie garnicht spüren.

Nun, meine Herren, ich will Sie nicht länger langweilen mit meinen Erzählungen, sondern ich fasse mich dahin zusammen, daß ich als Vertreter des Verbandes Deutscher Leinenindustrieller mich dem Antrage anschließe, der vom Centralverband gestellt worden ist, und für ihn stimme. (Bravo!)

Handelskammersyndikus Dr. **Dietrich**-Plauen: Meine Herren, ich möchte mir gestatten, für die Handelskammer Plauen nur ganz kurz zum Ausdruck zu bringen, daß sich deren Anschauungen im wesentlichen decken mit den Ausführungen, die der Herr Referent gemacht hat. Der Herr Referent hat bereits darauf hingewiesen, daß gerade die Textilindustrie in einem erheblichen Maße an dieser Frage interessiert ist. Bei dem Interesse nun, welches die Handelskammer Plauen infolge der in ihr vertretenen Textilindustrie an der Frage nimmt, hat sie bereits vor mehreren Jahren zu der Angelegenheit Stellung genommen und sich entschieden gegen den zehnstündigen Arbeitstag, d. h. gegen die gesetzliche Festlegung, ausgesprochen. Es sind ja auch Stimmen laut geworden, wonach einzelne Industrielle den zehnstündigen Arbeitstag bereits eingeführt haben, und es ist zu verstehen, daß diese, wie auch der Herr Vorredner eben ausgeführt hat, darauf hinzuwirken suchen, daß auch ihre Konkurrenten unter den gleichen Produktionsbedingungen arbeiten. Aber im allgemeinen hat sich der ganze Kammerbezirk in einer großen Enquête dahin ausgesprochen, daß eine gesetzliche Festlegung zu vermeiden sei, und zwar hauptsächlich aus dem Grunde, weil die Verringerung der Arbeitszeit ihre Grenze finden müsse an der Leistungsfähigkeit der Industrie. Daneben ist als wichtiges Moment geltend gemacht worden, daß der gegenwärtige Zeitpunkt, wo wegen der Handelsverträge die handelspolitische Lage der Industrie eine durchaus ungewisse ist, sehr ungeeignet erscheine, derartige Maßnahmen auszuführen.

Ich werde also für den Antrag stimmen im Interesse der Handelskammer Plauen, möchte aber noch als Kuriosum darauf hinweisen, daß bei der ganzen Frage, die doch die Industrie so außerordentlich interessiert, nicht die Organe der Industrie befragt worden sind, sondern daß von der Regierung lediglich die Gewerbeinspektionen gefragt wurden. Ich glaube auch nicht, daß etwa der Centralverband befragt worden ist, sondern er hat es wohl ebenfalls für richtig erkannt, aus eigener Initiative den Standpunkt der Industrie klarzulegen.

Generalsekretär **Ditges**-Berlin: Meine Herren! Ich möchte Sie namens der deutschen Papierfabrikations-Industrie bitten, der Resolution des Centralverbandes zuzustimmen. Die deutsche Papierindustrie ist sehr lebhaft an dieser Frage interessiert. Sie beschäftigt eine große Reihe von Arbeiterinnen, und bei ihr trifft in vollem Maße das zu, was Herr Generalsekretär Fiebelkorn für die Maschinenziegel-Industrie ausgeführt hat. Es läßt sich eine große Anzahl von Arbeiten durch die männlichen Arbeiter nicht ausführen, wenn nicht die Arbeiterinnen ihnen zur Seite stehen. Die Folge würde also sein, daß zehnstündige

Arbeitszeit nicht nur für die Arbeiterinnen, sondern auch für die Arbeiter eingeführt werden müßte; und da, meine Herren, möchte ich mir gestatten darauf hinzuweisen, daß die Vorbereitung des allgemeinen Zehnstundentags bereits von der Presse als einer der Zwecke des Gesetzes bezeichnet worden ist. Es ist die Frankfurter Zeitung, die sich das Verdienst erworben hat, darauf hinzuweisen, daß durch den zehnstündigen Arbeitstag für Arbeiterinnen notwendiger Weise auch der zehnstündige Arbeitstag für Arbeiter herbeigeführt werden würde, und, meine Herren, da möchte man doch sagen: principiis obsta und sollte sich mit aller Entschiedenheit dagegen erklären, daß dieser erste Schritt zur Einführung des zehnstündigen Maximalarbeitstages für Arbeiterinnen getan wird.

Ich möchte auch darauf hinweisen, meine Herren, — auch für die Papierindustrie, deren Konkurrenzverhältnisse mit dem Auslande ja sowieso schon schwierige sind — daß sich das Ausland auf absehbare Zeit keinesfalls dazu verstehen wird, diesen Schritt mit uns zu tun, und daß, wenn das nicht der Fall sein sollte, die Lage der deutschen Papierindustrie und der deutschen Industrie überhaupt, zweifellos dem Auslande gegenüber ganz erheblich verschlechtert werden würde.

Was Herr Kommerzienrat Sartorius angeführt hat, trifft gleichfalls für die deutsche Papierfabrikation zu. Es gibt schon jetzt eine große Menge von Papierfabriken, in denen nur 10 Stunden gearbeitet wird. Alle diese Fabriken heben aber hervor, daß ihnen die Möglichkeit gelassen sein muß, in Notfällen auch einmal länger als 10 Stunden zu arbeiten. Das würde nach Einführung des obligatorischen Zehnstundentages ausgeschlossen sein, und die Papierfabrikation könnte dadurch in eine sehr unangenehme Lage kommen. Es würde sich dabei nicht nur darum handeln, durch Mehreinstellung von Arbeiterinnen das Lohnkonto zu erhöhen und höhere Unkosten auf die Produktion schlagen zu müssen; die Fabriken könnten unter Umständen sogar in die Lage kommen, Arbeiterinnen überhaupt nicht zu bekommen. Tatsächlich liegen ja die Verhältnisse so, daß es für viele Fabriken schon sehr schwierig ist, neue Arbeiterinnen zu beschaffen. Aus diesem Grunde wäre die Einführung des zehnstündigen Arbeitstages sehr bedenklich und, wie gesagt, ich möchte meine Bitte wiederholen, der Resolution des Centralverbandes beizustimmen.

Kommerzienrat **Groß**-Augsburg: Meine Herren, nur wenige Worte. Ich habe aus den Ausführungen des Herrn Sartorius entnommen, daß er mit einer seiner Seelen für die Resolution stimmt, aber mit seiner anderen Seele hat er sich für den allgemeinen zehnstündigen Arbeitstag ausgesprochen (Direktor Sartorius: Ganz recht!), also auch der männlichen Arbeiter. Meine Herren, ich möchte mich auf das allerenergischste gegen die Einführung eines Maximalarbeitstages für Männer aussprechen. In dem Moment, wo Sie den intelligenten, vorwärts strebenden Arbeiter, der sich vorwärts bringen will, gesetzlich verhindern, mehr zu leisten als den Durchschnitt, wird die Leistung immer weiter heruntergehen. Dann haben wir zunächst nur noch Durchschnittsleistungen, und schließlich kommen wir mit dem Durchschnitt immer weiter herunter. Ja, meine Herren, das wäre der Anfang des Ruins unserer Industrie. Ich würde es für das größte Unglück für unser deutsches Vaterland halten, wenn etwas derartiges geschehen würde. (Rufe: Schluß!)

Geheimer Kommerzienrat **Schlumberger**-Mülhausen i. E.: Meine Herren, ich kann mich nur den Ausführungen des Herrn Kommerzienrat Groß anschließen und möchte Herrn Kommerzienrat Sartorius die in den letzten Jahren bei uns in Elsaß-Lothringen in der Textilindustrie gemachten Erfahrungen entgegenhalten. Dort hat man es versucht, die Arbeitszeit von 11 auf 10 und bis auf 9 Stunden herunterzusetzen, und viele Arbeiterinnen selbst haben sich so schlecht dabei befunden, daß sie es vorgezogen haben, weil die intensive Arbeit ihre Nerven und ihre Gesundheit so in Anspruch genommen hat, obwohl sie mehr als 3 M. täglich verdienten, in die Fabrik zu gehen, wo sie 11 Stunden zu arbeiten hatten und nicht einen so hohen Lohn bezogen. Das ist der praktische Beweis, daß man in dieser Reduktion der Arbeitszeit nicht zu weit gehen darf, und der Vorschlag, sie auf 10 Stunden gesetzlich herabzusetzen, ist zu weitgehend. Die ganze Materie wird durch ein Prinzip beherrscht, das wir hier nicht unterschätzen sollten. Das ist der Eingriff in die persönliche Bewegungsfreiheit des Einzelnen, in die Betätigung seiner Kräfte. Wenn eine starke, gesunde Frau es für richtig hält, 11 Stunden zu arbeiten, so sollte es ihr auch erlaubt werden, 11 Stunden zu arbeiten. (Sehr richtig!) Ich habe mir einmal gestattet, im Reichstage den Sozialdemokraten zu sagen: wenn Ihr Führer den achtstündigen Arbeitstag für Eure unheilvolle Tätigkeit anwenden würdet, würde es vielleicht in der Welt und namentlich in Deutschland besser aussehen, als es der Fall ist. (Heiterkeit.) Und da hat kein sozialdemokratischer Redner es gewagt, nur mit einer Silbe dem entgegenzutreten.

Das Prinzip, das für uns maßgebend sein muß, ist die Freiheit in der Betätigung der eigenen, menschlichen Kraft! (Sehr richtig!) Lobenswert ist es, daß die gesetzgeberische Tätigkeit schon sehr weit gegangen ist in ihren Vorschriften für die Kinderarbeit, die Frauenarbeit, in der Fürsorge für die Gesundheit, für die Abwendung von

Gefahren, für die Unfallverhütung. Alles das ist geregelt und niemals — niemals hat sich der Centralverband hiergegen gesträubt und Widerspruch erhoben. Für dasjenige, was zur Aufrechterhaltung der Sitte, der Gesundheit, zur Abwendung von Lebensgefahren, der Einwirkung von Giften u. s. w. geschieht, sind wir alle zu haben, und da wollen wir tun, was möglich ist. Aber weiter soll man nicht gehen. Meine Herren, ein jeder muß verantwortlich sein, für dasjenige, was er tut, und wenn man die Sache unter dem Gesichtspunkt betrachtet, daß die Frauen schwache Geschöpfe sind und daß man sie unterstützen soll, so mag man darauf bis zu einem sehr hohen Grade Rücksicht nehmen, aber über dieses Maß darf man, wenn man auf die menschliche Freiheit etwas hält, gesetzlich nicht hinausgehen. Das ist meine volle Ueberzeugung. (Beifall.)

Vorsitzender: Meine Herren, es sind noch drei Herren zum Wort gemeldet. In Rücksicht darauf, daß noch ein Gegenstand auf der Tagesordnung steht bezw. auf die Tagesordnung gekommen ist, welcher von aktueller Wichtigkeit ist, möchte ich die drei Herren bitten, sich einer gewissen Kürze zu befleißigen, und nehme an, daß Sie nach diesen Herren niemand mehr das Wort geben wollen. — Die Herren sind damit einverstanden.

Handelskammersyndikus **Scherenberg**-Elberfeld: Meine Herren, ich will nur mit zwei Worten, ebenso wie der Herr Vorredner aus Plauen, für die Elberfelder Handelskammer und die Elberfelder Webe- und sonstige Textilindustrie erklären, daß wir uns in unserem Bezirk durch Einführung der zehnstündigen Arbeitszeit für Frauen außerordentlich geschädigt finden würden. Ich kann Ihnen deshalb nur warm empfehlen, den Antrag des Direktoriums anzunehmen. Die Elberfelder Handelskammer hat sich in wiederholten Eingaben über diese Frage ausgesprochen. Ich will daher bei der Kürze der Zeit heute darauf verzichten, weiter auf die Sache einzugehen.

Kommerzienrat **Sartorius**-Bielefeld: Meine Herren, ich weiß nicht, habe ich mich vorhin so unklar ausgesprochen, daß man aus meinen Worten entnommen hat, ich möchte auch eine Beschränkung der Arbeitszeit der männlichen Arbeiter? — Das habe ich nicht beabsichtigt, durchaus nicht. Es ist ja aber selbstverständlich, meine Herren, daß, wenn eine zehnstündige Arbeitszeit der weiblichen Arbeiter gesetzlich festgelegt wird, dann in den Spinnereien die Männer auch nicht länger arbeiten können. So ist es. Weiter habe ich nichts gesagt. Es ist mir nicht eingefallen, die Wünsche und Bestrebungen der Sozialdemokraten mit einem Wort zu unterstützen.

Porges-Hamburg: Der Verband Deutscher Färbereien und chemischen Waschanstalten, den ich hier vertrete, hat Ihnen ein Gesuch an den Bundesrat vorgelegt, worin er um prinzipielle Bewilligung einer Ueberarbeit gebeten hat, so daß die durchschnittliche Zahl der Stunden im Jahr nicht die normale Arbeitszeit übersteigt.

Ich habe den verschiedenen Erklärungen, die abgegeben sind, nur eine hinzuzufügen. Ich möchte Ihnen nämlich für unsere Branche die faktische Unmöglichkeit nachweisen, daß eine Verkürzung der Arbeitszeit eintreten darf. Das chemische Reinigungsgewerbe hat, in runden Zahlen gesprochen, mit 100 Tagen im Jahr zu rechnen, wo man normale Arbeitszeit einhalten kann, mit etwa 100 Tagen, wo Ueberarbeit notwendig ist, und im Rest des Jahres — also ebenfalls 100 Tage — kann mit weniger Arbeitszeit ausgekommen werden.

Wenn ich nun in der Zeit gesteigerter Arbeitstätigkeit die Frauen 13 Stunden arbeiten lassen will — und das muß ich, um die vielen Aufträge, die beim Eintreten der besseren Jahreszeit von der Kundschaft einlaufen, ausführen zu können —, so habe ich 200 Stunden Ueberarbeit. Dann müßte ich also in den 100 Tagen, wo mit weniger Arbeitszeit auszukommen ist, zum Ausgleich die Arbeit auf 9 Stunden verkürzen. Würde aber die Arbeitszeit auf 10 Stunden reduziert, dann hätte ich an den 100 Tagen gesteigerter Tätigkeit 300 Ueberstunden gemacht und um diese 300 Stunden in den 100 Tagen mit geringerer Arbeitszeit wieder einzuholen, würde ich in diesen 100 Tagen nur 7 Stunden arbeiten dürfen. Wenn jemand 100 Tage 7 Stunden gearbeitet hat, dann ist es physisch unmöglich, die folgenden 100 Tage 13 Stunden, fast doppelt solange, zu arbeiten. Ich glaube also, es folgt aus diesem einfachen Beispiel, daß es eine physische Unmöglichkeit für die Arbeiterinnen ist, daß die normale Arbeitszeit auf 10 Stunden reduziert wird. Das bezieht sich natürlich nur auf unsere Branche, aber da sie einige tausend Betriebe umfaßt, hoffe ich auf ihre Berücksichtigung.

Illgner-Oppeln: Die oberschlesische Kalkindustrie ist auf die Frauenarbeit ebenso angewiesen, wie seit alten Zeiten die erwachsenen starken Mädchen und Frauen unserer Gegend auf die Arbeit in den Kalkwerksbetrieben angewiesen gewesen sind, eine Arbeit, die von den Arbeiterinnen sehr bevorzugt wird, weil die Arbeit gar nicht so schwer ist und weil sie vor allem in der gesunden freien Luft verrichtet wird. Unsere oberschlesischen Arbeiterinnen wissen besonders den letzten Grund, nämlich das Arbeiten in der freien Luft, sehr zu schätzen.

Das Verhältnis der Frauenarbeit zur Männerarbeit ist derart, daß die Frauen und Männer sich in die Hände arbeiten. Die schwere

Arbeit wird von den Männern besorgt, die leichtere bequem von den Frauen. So leisten z. B. die Frauen im Steinbruchbetrieb selbst gar keine Arbeit mehr, sondern besorgen das Wegschaffen der sogenannten Abdecke, d. h. die Beseitigung der Erdschicht über dem wirklichen Steinlager, und ebenso haben die Arbeiterinnen im Ofenbetriebe nichts mehr zu tun, sondern führen lediglich auf kleinen auf Schienen laufenden Wagen Steine zum Ofen, welche dort von ihnen abgeladen werden.

Würden nun diese Arbeiten auch nicht mehr von Frauen besorgt werden dürfen, so würden wir Ersatz für diese Arbeiterinnen nicht haben und es würde ein empfindlicher Arbeitermangel eintreten.

Die jetzigen heimischen Arbeiterinnen würden aber auch keinen Ersatz für diese bisher gern geleistete Arbeit finden, und der Auswanderung und Sachsengängerei würde Vorschub geleistet werden. Schon jetzt sind die Arbeiterinnen sehr erzürnt darüber, daß sie nicht mehr wie früher mit den Männern zusammen im Steinbruch selbst und in den Oefen Arbeiten verrichten dürfen, sind doch in Oberschlesien die erwachsenen Töchter auch vielfach Ernährerinnen ihrer alten Eltern oder jüngeren Geschwister und es würde der Mißmut der arbeitenden Klassen nur noch geschürt werden, wollte man eine weitere Beschränkung einführen lassen.

Die Beschränkung der Arbeitszeit wäre aber auch in unserer Industrie absolut nicht am Platze. Das Kalkgeschäft ist unter die Saisongeschäfte zu rechnen. Im Frühjahr ist der Bedarf sehr groß, während im übrigen Teil des Jahres der Bedarf wesentlich geringer ist. Kalk läßt sich aber auch nicht wie die Stapelartikel auf Vorrat arbeiten, sondern muß stets frisch hergestellt werden und frisch gebrannt zum Versand kommen. Die für Frauenarbeit gestattete höchst zulässige Zeit wird aber auch in unserer Branche, da im Winter in der zeitig eintretenden Dunkelheit nicht gearbeitet werden kann, gar nicht voll ausgenützt, sondern schon jetzt wird durchschnittlich weniger gearbeitet als zulässig ist.

Würde nun aber die zulässige Tagesarbeitsdauer für Arbeiterinnen weiter verkürzt werden, so würde die Durchschnittsarbeitszeit kleiner werden, als der Gesetzgeber beabsichtigt, denn da die gestattete Höchstleistung nur in einem Teile des Jahres geleistet wird, im anderen Teil dagegen viel weniger, so ergibt sich schon eine wesentlich geringere Arbeitszeit als das Höchstmaß ist und eine weitere Einschränkung der Höchstleistung würde die Durchschnittsleistung auf ein ganz ungewöhnlich kleines Maß herabsetzen.

Wie aber anfangs gesagt, arbeiten sich Mann und Arbeiterin in die Hände, und da für etwaige Beseitigung der Frau aus der Arbeit kein Ersatz da ist, müßte auch die Männerarbeit zur Zeit der Saison eingeschränkt werden und dies liegt ganz und gar nicht im Interesse der Arbeiter, noch weniger im politischen Interesse unseres Landes.

In unserem polnischen Oberschlesien haben erst die letzten Wahlen gezeigt, daß die Sozialdemokratie festen Fuß gefaßt hat, es stände also zu befürchten, daß eine weitere Einschränkung der Frauenarbeit, welche eine gleichzeitige Einschränkung der Männerarbeit zur Folge haben muß, als ein Erfolg der Sozialdemokratie gefeiert werden und dieser Erfolg auf Konto des Verlangens auf Genehmigung des 8 Stunden-Maximalarbeitstages gesetzt werden würde. Der hier aufblühenden Sozialdemokratie darf aber unter keinen Umständen auch nur der Schein eines Erfolges gegeben werden, wollte man nicht der weiteren Ausbreitung die Wege ebnen.

Diese Auffassung ist eine allgemeine und wir bitten in diesem Sinne jede Neigung zu einer weiteren Schädigung sowohl des Arbeitgebers als der Arbeitnehmer zu bekämpfen.

Vorsitzender: Meine Herren, die Diskussion ist geschlossen. Eine divergierende Meinung ist nicht vorhanden, da Herr Kommerzienrat Sartorius von seiner Qualität als Vorsitzender der Ravensberger Spinnerei keinen Gebrauch macht (Heiterkeit), sondern eben nur als Vertreter der Deutschen Leinen-Industrie abstimmt. Ich darf deshalb nur konstatieren — ohne besondere Abstimmung —, daß der Beschlußantrag, welchen Ihnen das Direktorium vorgelegt hat, einstimmige Annahme gefunden hat. — Ich konstatiere das, meine Herren.

Fabrikbesitzer **Langen**-M.-Gladbach (zur Geschäftsordnung): Wäre es nicht möglich, den folgenden Punkt der Tagesordnung bis zur nächsten Sitzung zu vertagen? Wir verhandeln heute seit 10 Uhr. Die Frage ist so wichtig, daß sie im Direktorium und Ausschuß vorbereitet werden muß. Sie müßte bei der kurzen Zeit jetzt über das Knie gebrochen werden.

Vorsitzender: Herr Langen, ich möchte Sie darauf aufmerksam machen, daß es sich hier um eine Angelegenheit handelt, welche von der Bayerischen Regierung eben mit Energie betrieben wird, und daß wir unmöglich bis zum Herbst warten können, um der Bayerischen Regierung entgegentreten zu können.

Fabrikbesitzer **Langen**-M.-Gladbach: Könnte nicht in der Zwischenzeit eine Sitzung des Ausschusses stattfinden? Heute wird es unmöglich sein, die Frage eingehend und gründlich zu behandeln.

Vorsitzender: Wir haben im Direktorium darüber verhandelt. Dem Ausschuß die Sache noch vorzutragen, war unmöglich. Ich frage den Herrn Regierungsrat, wieviel Zeit er glaubt, für das Referat zu brauchen? (Regierungsrat Dr. Leidig: Eine Viertelstunde!)

Meine Herren, bringen Sie doch das Opfer dieser Viertelstunde. Ich hoffe, eine Diskussion wird sich nicht daran schließen, indem Sie von vornherein den Ausführungen des Herrn Regierungsrates zustimmen würden. Also ich bitte, Herr Regierungsrat, machen Sie aus der Viertelstunde 10 Minuten. (Heiterkeit.)

Berichterstatter Regierungsrat Dr. **Leidig**=Berlin: Meine geehrten Herren! Das Königlich bayerische Staatsministerium des Königlichen Hauses und des Aeußeren, das ist der Herr Ministerpräsident von Podewils, hat am 2. März eine Entschließung des Ministeriums an sämtliche bayerischen Gewerbeaufsichtsbeamten erlassen, in der ein Absatz folgendermaßen lautet:

> „Als eines der erfolgreichsten Mittel zur Besserung der Lohn= und Arbeitsverhältnisse und zur Herbeiführung des so wünschenswerten guten Einvernehmens zwischen Arbeitgebern und Arbeitern haben sich die Tarifverträge erwiesen. Die Gewerbeaufsichtsbeamten werden es deshalb als eine ihrer vornehmlichsten Aufgaben zu betrachten haben, im Benehmen mit den Organisationen der Arbeitgeber und Arbeiter auf das Zustandekommen solcher Tarifverträge hinzuwirken, welche beide Teile zu befriedigen geeignet erscheinen."

Meine Herren, es liegt hier ein Novum vor. „Tarifverträge" ist heute ein Modewort und ein Schlagwort, Tarifverträge halten sehr weite Kreise der Sozialpolitiker heute geradezu für die Panacee des sozialen Friedens. Aber trotzdem ist das bisher noch nicht geschehen, daß die Regierung eines deutschen Bundesstaates sich offiziell für die Tarifverträge als ein solches Mittel des sozialen Friedens ausgesprochen hat. Gerade weil dies zum ersten Mal geschehen ist, und weil hier, wie bereits unser Herr Vorsitzender ausgeführt hat, eine gewisse Gefahr im Verzuge liegt, weil die Arbeiterbewegung in Bayern nach den Mitteilungen, die uns geworden sind, in den letzten Wochen und gerade in den letzten Tagen, unter Berufung auf diese Entschließung des bayerischen Ministeriums, an verschiedenen Orten Bayerns zu Streiks geführt hat, zu Anforderungen, die an die einzelnen Arbeitgeber gestellt worden sind — gerade deshalb schien es notwendig, diese Frage hier heute noch zur Erörterung zu bringen.

Meine Herren, es haben sich in der letzten Zeit eine große Anzahl von Nationalökonomen, Theoretikern und namentlich auch Damen mit dieser Frage beschäftigt, und wie in England — wenn die Zeit es erlaubte, würde Herr Dr. Tille Ihnen darüber interessante Mitteilungen machen können — zum Beispiel Frau Webb sich damit beschäftigt hat, so hat in Deutschland in der letzten Zeit ein Fräulein Fanny Imle ein dickes Buch über Tarifverträge geschrieben. Die Damen, die jetzt in vermehrter Zahl Nationalökonomen geworden sind, beschäftigen sich mit der Frage mit all' dem Eifer, mit dem guten Herzen und der überschäumenden Subjektivität, die nun einmal Kennzeichen ihres Geschlechtes sind. Gerade deshalb ist es aber notwendig, diese Frage einmal auch von anderer Seite leidenschaftslos und in ruhiger Abwägung ihrer Vorteile und Nachteile zu betrachten. Tarifverträge — das Reichsarbeitsamt hat im ganzen bereits eine Sammlung von 1000 Tarifverträgen und hat daraus in der letzten Zeit eine Reihe von Veröffentlichungen gemacht — sind bisher wesentlich in den Kreisen des Handwerks, namentlich im Baugewerbe, dann auch in zwei vielfach noch handwerksmäßig betriebenen Industrien, der Buchdruckerei und dem Braugewerbe, abgeschlossen worden. Jetzt empfiehlt die Königlich bayerische Regierung, diese Tarifverträge für die Gesamtindustrie als ein gutes Mittel des Einvernehmens zwischen Arbeitgeber und Arbeitnehmer.

Meine Herren, von sehr sachkundiger Seite ist uns dargelegt worden, daß insbesondere für alle Qualitätsindustrien durch die Einführung von Tarifverträgen die große Schwierigkeit eintritt, den Arbeiter nicht mehr seinen geistigen Kräften, seinen Fähigkeiten, seiner Arbeitskraft und seiner Arbeitsfähigkeit gemäß in den einzelnen Betrieben beschäftigen zu können. Die Tarifverträge enthalten starre Normen, die getroffen werden für die Durchschnittsarbeit und der einzelne Arbeiter — es ist das ja auch von Herrn Kommerzienrat Groß vorhin bei der Erörterung über die Maximalarbeitszeit angedeutet worden — kann kaum irgendwie über den Tarifvertrag hinweg, namentlich, wenn die Tarifverträge Normallöhne festsetzen. Wir finden das in den zwei Industrien, die seit Jahren schon mit Tarifverträgen gearbeitet haben, in der Brauindustrie und in der großen Buchdruckerindustrie, vollkommen bestätigt. Dann aber, meine Herren, haben das namentlich bestätigt die Erfahrungen, die die Industrien in England und in Amerika in den letzten Jahren gemacht haben. Industrielle Beobachter, die in Amerika gewesen sind, und die mit ernsten Befürchtungen vor der amerikanischen Konkurrenz gegen Deutschland hinübergegangen sind, sind zurückgekommen mit der Erklärung, mit der Empfindung, daß gerade infolge dieser von den Gewerkschaften in großem Umfange durchgeführten Tarifverträge für die deutsche Industrie eine ernste Gefahr vor der amerikanischen Industrie nicht zu befürchten sei. Es ist mir das noch vor wenigen Wochen von einem sehr bedeutenden chemischen Industriellen bestätigt worden. Daß in England in den letzten Jahren gerade mit auf die gewerkschaftliche Bewegung und die damit zusammenhängenden Tarifverträge von sehr ernsten und kenntnisreichen Beobachtern des englischen industriellen Lebens der relative Stillstand der englischen Industrie zurückgeführt wird, das, meine Herren, wird, wie ich glaube, Ihnen allen bekannt sein.

Ich möchte mir aber erlauben — und damit eile ich eigentlich bereits zum Schluß —, auch noch auf einen Gesichtspunkt aufmerksam zu machen, der mir für unsere deutschen Verhältnisse, und für unsere sozialpolitischen Verhältnisse namentlich, bedeutsam zu sein scheint. Eine Industrie, meine Herren, die einen Tarifvertrag abschließt, mit der Empfindung, auch weiter in diesen Tarifverträgen stehen zu bleiben, befindet sich in einem unvermeidlichen, dauernden und nicht aufzuhaltenden Zurückweichen gegenüber den Anforderungen der Arbeiter. Denn, meine Herren, die Tarifverträge werden abgeschlossen auf 2 bis 3 Jahre. Nach 2 bis 3 Jahren fangen Verhandlungen zwischen den Organisationen der Arbeitgeber und denen der Arbeiter wieder an. Bei diesen Verhandlungen werden Forderungen gestellt, es wird nachgelassen werden, und es werden die Industriellen sich schließlich immer fragen, ob sie nicht die Ruhe und den Frieden in der Industrie für die nächste Zeit erkaufen sollen durch im einzelnen Falle verhältnismäßig geringfügige Konzessionen, und in der Regel werden diese Konzessionen immer wieder gemacht werden, und man wird vergnügt und froh sein, wenn diese Konzessionen ein verhältnismäßig geringes Maß erreicht haben. Meine Herren, die Summe dieser geringfügigen Konzessionen muß sich aber in verhältnismäßig kurzer Zeit zu einer ziemlich erheblichen Weite des Zurückweichens gestalten, und wenn die einzelnen Industriellen, die die Führung in diesen Verhandlungen haben, froh darüber sind, daß sie verhältnismäßig wenig konzediert haben, so mögen sie glänzende Strategen sein, aber, meine Herren, ich möchte sie als Kuropatkins der Industrie bezeichnen, denn sie führen zwar ihr Heer ziemlich unversehrt aus dem Gefecht, aber es sind stets und immer wieder Rückzugsgefechte, die sie gegenüber den Arbeiterorganisationen auskämpfen. Ich glaube, darin liegt sozialpolitisch eine der bedeutsamsten, aber unvermeidbaren Schädigungen, die für die deutsche Industrie entstehen würde, wenn Sie den Weg gehen wollen, wie die Königlich Bayerische Regierung Ihnen, meine Herren, vorschlägt.

Im Einverständnis mit dem Direktorium glaubten wir deshalb, den Herren folgende Resolution — die ja bei der Kürze der Zeit nicht hat gedruckt werden können — vorlegen zu dürfen:

„Der Centralverband Deutscher Industrieller betrachtet den Abschluß von Tarifverträgen zwischen den Arbeitgeberorganisationen und den Organisationen der Arbeitgeber als der deutschen Industrie und ihrer gedeihlichen Fortentwickelung durchaus schädlich.

Die Tarifverträge nehmen ebensowohl dem einzelnen Arbeitgeber die für die sachgemäße Fortführung des Unternehmens notwendige Freiheit der Entschließung über die Verwendung seiner Arbeiter und der Lohnfestsetzung, wie sie den einzelnen Arbeiter unvermeidlich unter die Herrschaft der Arbeiterorganisationen zwingen."

Das ist selbstverständlich, wie ich hinzufügen darf. Denn die Tarifverträge werden ja abgeschlossen mit den Arbeiterorganisationen, und die einzelnen, unorganisierten Arbeiter müssen sich ohne weiteres diesen Abmachungen der Organisationen fügen und anschließen, wenn nicht sogar das Ergebnis erzielt wird, das bereits in einzelnen Fällen eingetreten ist — ich glaube bei den Chemigraphen —, daß der Tarifvertrag zwischen der Arbeitgeberorganisation und der Arbeitnehmerorganisation dahin geschlossen wird, daß nur organisierte Arbeiter beschäftigt werden. Meine Herren, ich glaube, das ist ein Ziel, das aufs dringendste nicht zu wünschen ist.

Die Resolution fährt dann fort:

„Die Tarifverträge sind darüber hinaus nach der Ueberzeugung des Centralverbandes, die durch die Erfahrungen in England und Amerika voll bestätigt werden, schwere Hindernisse des technischen und organisatorischen Fortschritts der deutschen Industrie.

Aus diesen Gründen bedauert der Centralverband insbesondere auch die Entschließung der Königlich bayerischen Staatsregierung vom 2. März 1905, die den Abschluß von Tarifverträgen als wünschenswert erklärt und die Forderung des Abschlusses solcher Verträge als eine der vornehmlichsten Aufgaben der Gewerbeaufsichtsbeamten bezeichnet."

Ich bitte um Annahme dieses Beschlußantrages. (Beifall.)

Vorsitzender: Meine Herren, ich eröffne die Diskussion. Ich gebe das Wort dem Herrn Geheimrat Schlumberger.

Geheimer Kommerzienrat **Schlumberger**-Mülhausen i. E.: Meine Herren, selbstverständlich bin ich für die Resolution, wie sie Ihnen da vorgetragen ist, möchte Ihnen aber sagen, daß Sie schon alle gefangen sind, indem ein Punkt der heutigen Beschlußanträge, dem Sie zugestimmt haben, schon dasjenige enthält, was Herr Regierungsrat Leidig uns jetzt gesagt hat.

Es beweist, wie unvorsichtig die bayerische Regierung ist, daß sie den Tendenzen der Sozialdemokraten ein solches Entgegenkommen bekundet. Es beweist, daß sie umsponnen, umgarnt ist von diesem Geiste der Sozialdemokratie.

In Punkt 1 der Beschlußanträge zu der Bergarbeiterfrage heißt es:

> 1. Der Centralverband Deutscher Industrieller ist bei Beurteilung aller das Arbeitsverhältnis betreffenden Fragen von dem für ihn unverrückbaren Standpunkt ausgegangen, daß der Arbeitsvertrag, innerhalb der von dem Gesetz gezogenen Grenzen, den Gegenstand vollkommen privater Abmachung zwischen dem Arbeitgeber und dem Arbeiter bilden muß.

In der Druckereibranche wird diese Sache schon längst gehandhabt und, wie es scheint, mit einem gewissen Vorteil, aber im Prinzip ist es ein Eingriff in die privaten Abmachungen zwischen Arbeitnehmer und Arbeitgeber. Der Arbeiter ist nicht mehr frei und muß sich fügen, und es handelt sich dabei nicht nur um eine Bevorzugung der organisierten Arbeiter der Gewerkschaften, sondern es ist auch eine Ungerechtigkeit ersten Ranges, wenn gesetzlich festgelegt werden soll, daß der Arbeiter nur unter gewissen Bedingungen und an bestimmter Maschine und zu einem im voraus festgesetzten Lohn arbeiten soll. Die Arbeiter lassen sich das gefallen und finden, daß es ganz gut ist, weil sie nur an sich denken, d. h. diejenigen, die organisiert sind, aber die übrigen müssen sich dem Schrecksystem und dem Terrorismus der anderen unterwerfen. Also von meinem Standpunkt aus ist es ein Druck, eine Tyrannei der organisierten Arbeiter den anderen gegenüber, und außerdem widerspricht es der freien Vereinbarung zwischen Arbeiter und Arbeitgeber und sollte prinzipiell verworfen werden. Es sollte der bayerischen Regierung verständlich gemacht werden, daß sie einzig und allein für die Empfehlung und den Erfolg der Sozialdemokratie arbeitet, wenn sie überhaupt in dieser Richtung weiter durch Gesetz vorgeht.

Handelskammersyndikus Dr. **Lehmann**-Aachen: Meine Herren, ich glaube, wir alle sind durch dieses Vorgehen der bayerischen Regierung ganz erheblich überrascht worden, und wir müssen daher zuvörderst dem lebhaften Bedauern Ausdruck geben, daß wir infolge dieses Eingreifens der Regierung Bayerns heute leider nicht in der Lage sind, in aller Ruhe, wie ich das wohl gewünscht hätte angesichts der Wichtigkeit der Sache, diese Angelegenheit recht eingehend zu besprechen.

Wer sich in der Entwicklung der Arbeiterfrage Deutschlands umgesehen hat — und ich glaube, das werden recht viele der anwesenden Herren sein —, wird es vielleicht im stillen bedauert haben, daß sich bereits einzelne Gewerbe, auch aus der Textilindustrie, ohne Benehmen mit konkurrierenden Branchen in den Bereich der Tarifverträge begeben haben. Selbstverständlich weckt dieses Beispiel Nacheiferung an anderer Stelle, und das ist selbstverständlich für die anderen Gewerbe unter Umständen eine ganz erhebliche Gefahr.

Ich möchte nur ganz kurz auf einige Vorkommnisse noch hinweisen, welche zeigen sollen, wie wenig berechtigt geradezu derartige Konzessionen gegenüber den Gewerkschaften wären. Es wurde bei Gelegenheit von Anträgen auf Erhöhung der Löhne und Beschränkung des Arbeitstages, die von sozialdemokratischen Gewerkschaften in Mitteldeutschland gestellt worden sind, festgestellt, inwiefern denn eigentlich diese Gewerkschaften autorisiert seien, im Namen der Arbeiter mit solchen Anträgen an die Unternehmerschaft heranzutreten. Da wurde festgestellt — auf Grund von Schätzungen, da andere Materialien nicht zur Verfügung standen —, daß kaum ein Fünftel der betreffenden Arbeiterschaft in den sozialdemokratischen Verbänden organisiert war und dieses Fünftel machte sich anheischig, namens der gesamten Arbeiterschaft derartige Anträge auf Erhöhung der Löhne u. s. w. zu stellen. Die Einführung von Tarifverträgen hat dann weiter auch dahin geführt, daß die beteiligten Arbeiter bei neu aufzunehmenden Arbeitsaufträgen über die Arbeitsbedingungen mit ihrem Unternehmer zu unterhandeln abgelehnt haben; erst nach Benehmen mit ihrer Organisation wollte man solche Arbeiten übernehmen. Das schaltet naturgemäß die eigene geschäftliche Initiative der betreffenden Unternehmer vollständig aus. Daher erscheint es mir angezeigt, grundsätzlich den Standpunkt einzunehmen, den die Resolution vertritt.

Ich gebe allerdings nochmals dem Bedauern Ausdruck, daß es uns heute nicht möglich gewesen ist, mit aller Ruhe diese eminent wichtige Frage, die nicht bloß für die bereits gebundenen Industrien eine Bedeutung hat, sondern auch für die weitere industrielle Entwicklung von der allergrößten Tragweite werden muß, eingehend und erschöpfend zu ventilieren.

Vorsitzender: Dieses Bedauern teile ich vollkommen, aber das Direktorium war nicht in der Lage, anders zu verfahren, als es verfahren ist. Gestern ist uns aus bayerischen Kreisen die Verfügung mitgeteilt worden, und da Gefahr im Verzuge ist, glaubten wir, die Sache noch auf die Tagesordnung setzen zu müssen.

Generalsekretär **Ditges**-Berlin: Meine Herren! Ich möchte bei der Gelegenheit darauf hinweisen, daß die Aeltesten der Berliner Kaufmannschaft in ihrem Jahrbuch für Handel und Gewerbe für 1904 auch die Tarifverträge außerordentlich lebhaft empfehlen. Gerade in diesem Jahrbuch für Handel und Gewerbe ist eine Zusammenstellung der Tarifverträge vorgenommen worden, und es ist doch eigentlich auch ein bedenkliches Vorgehen, wenn eine Vertretung von Handel und Industrie, wie die Berliner Aeltesten der Kaufmannschaft sein wollen, ein so zweifelhaftes Mittel, wie die Tarifverträge, in lobender Weise hervorhebt.

Meine Herren! Berlin ist ja gewissermaßen der Zentralpunkt für die Tarifverträge. Mir sind die Verhältnisse im hiesigen Baugewerbe einigermaßen bekannt, und wenn zu Gunsten der Tarifverträge immer hervorgehoben wird, daß sie den Frieden in einer Industrie befördern, so ist für das Berliner Baugewerbe gerade das Gegenteil festzustellen. Ich glaube, es gibt keine angriffslüsternere und keine weniger angenehme Arbeiterschaft, als die Berliner Maurer. Was Herr Regierungsrat Leidig eben hier gekennzeichnet hat, daß jedesmal kleine Zugeständnisse gemacht werden und daß, wenn man sich schließlich die Summe ansieht, ein ganz bedeutender Posten herauskommt, trifft gerade hier für die Lohnverhältnisse im Berliner Maurergewerbe zu. Heute hat der Berliner Maurer einen Lohnsatz, der, wenn ich nicht irre, auf 75 Pfennig die Stunde bemessen ist — also, meine Herren, ein ganz exorbitanter Satz —, damit aber werden sich die Maurer auch nicht begnügen. Wenn die jetzigen Verträge abgelaufen sind, werden sie wahrscheinlich einen neuen Tarifvertrag schließen, der auf 80 bis 85 Pfennig für die Stunde bemessen ist.

Also, meine Herren, hier sehen Sie so deutlich wie kaum anderswo die Wirkung derartiger Tarifverträge.

Wenn es auch heute leider nicht möglich ist, die Angelegenheit eingehend durchzusprechen, so sind doch die Fälle, die hier angeführt worden sind, ein Beweis dafür, daß die Resolution, die uns das Direktorium vorschlägt, jedenfalls angenommen werden sollte.

Direktor **Stark**-Chemnitz: Meine Herren, ich bin mit der Resolution vollständig einverstanden, ich hätte sie sogar in einem Punkte gern noch etwas verschärft. Es ist nämlich da gesagt, daß die Tarifverträge schädlich für die Industrie sind. Nun kann man darüber zweierlei Meinung sein. Ich habe mit Gewerbetreibenden gesprochen, die Tarifverträge abgeschlossen haben, die erklären allerdings, sie befänden sich ganz wohl dabei. Aber, meine Herren, im höchsten Grade bedenklich und gefährlich sind aus den von Herrn Regierungsrat Leidig angeführten Gründen diese Tarifverträge unter allen Umständen, und ich wäre vielleicht dafür, daß man das Wort „schädlich“ in der Weise korrigiert.

Meine Herren, diese Tarifverträge sollen zum sozialen Frieden führen, sollen die Einigkeit zwischen Arbeitgebern und Arbeitnehmern dauernd herstellen. Daß das nicht der Fall ist, haben wir ja in England gesehen. Die englischen Baumwollspinnereien arbeiten ja schon seit mehreren Jahren auf der Basis des sogenannten Tarifvertrages. Es ist dabei die sogenannte sliding scale, die gleitende Skala, festgesetzt, d. h. wenn der Verdienst besser wird, so sollen sich die Löhne heben und umgekehrt. Aber gerade über die Auslegung dieses Zustandes bestehen ja die Streitigkeiten, und wir haben ja gesehen, daß Streiks in England trotz dieser gleitenden Skala, trotz des Tarifvertrages in ganz großem Umfange entstanden sind.

Also, meine Herren, diese Tarifverträge tragen keineswegs dazu bei, den Frieden zwischen Arbeitgebern und Arbeitnehmern herzustellen.

Vorsitzender: Die Diskussion ist geschlossen. Das Schlußwort hat der Herr Referent.

Berichterstatter Regierungsrat Dr. **Leidig**-Berlin:

Meine Herren, ich möchte nur eine Tatsache noch zu Ihrer Kenntnis bringen, die, wie ich glaube, die ganze Situation sehr hell beleuchtet. Vor wenigen Wochen, im April, hat in Braunschweig der 8. Verbandstag der Maurer Deutschlands stattgefunden. Dieser hat ausführlich über den korporativen Arbeitsvertrag verhandelt. Da heißt es in diesen Normalstatuten für den Abschluß von korporativen Arbeitsverträgen u. a.:

„Abgelehnt und unannehmbar sind Verträge, worin Bestimmungen enthalten sind über:

a) eine längere tägliche Arbeitszeit als 10 Stunden;
b) beliebige Zulassung von Ueberstunden, Nacht- und Sonntagsarbeit;
c) Verbot der Agitation auf den Arbeitsplätzen;
d) Verbot der Maifeier;
e) Festsetzung einer ganz bestimmten Leistung für den Einzelnen oder die Kolonne (Leistungsklausel);
f) Anerkennung unparitätischer Arbeitsnachweise;
g) einseitige Aufhebung des Vertrages u. s. w.“

Meine Herren, das war der Generalversammlung **nicht** genug, sie wünschte noch einen anderen Beschluß und der ist denn auch gefaßt worden, und da heißt es:

„Die Vertragsdauer soll in der Regel zwei Jahre nicht überschreiten. Eine Dauer bis zu drei Jahren ist nur dann zulässig, wenn mit einer Lohnerhöhung auch eine Verkürzung der Arbeitszeit von mindestens einer Stunde verbunden ist."

Meine Herren, in zehn mal drei, also dreißig Jahren ist demnach die Arbeitszeit der Maurer auf eine Minute zurückgegangen, wenn das durchgeführt wird. (Heiterkeit.)

Vorsitzender: Herr Direktor Stark hat gebeten, das Wort „schädlich" in „gefährlich" umzuändern. Ich nehme an, daß Sie damit einverstanden sind, und mit dieser Aenderung die Resolution ohne besondere Abstimmung annehmen. — Ich konstatiere das.

Meine Herren, damit ist die Tagesordnung erschöpft. Ich danke den Herren, welche so treu ausgehalten haben und schließe die Sitzung.

(Schluß gegen 4³/₄ Uhr.)

Beschlüsse

der Delegiertenversammlung des Centralverbandes Deutscher Industrieller vom 5. Mai 1905 zu Berlin.

A.

I. Der Centralverband Deutscher Industrieller ist bei Beurteilung aller das Arbeitsverhältnis betreffenden Fragen von dem für ihn unverrückbaren Standpunkt ausgegangen, daß der Arbeitsvertrag, innerhalb der von dem Gesetz gezogenen Grenzen, den Gegenstand vollkommen privater Abmachung zwischen dem Arbeitgeber und dem Arbeiter bilden muß.

II. Nur bei dieser Auffassung und ihrer unweigerlichen Durchführung wird dem Arbeitgeber diejenige Stellung in dem wirtschaftlichen Organismus gewahrt werden können, die er einnehmen muß, wenn durch das Zusammenwirken von Intelligenz, Kapital und Arbeit in dem Rahmen der bestehenden Staats- und Wirtschaftsordnung die erwünschte und notwendige höchste Wirkung erzielt werden soll.

III. Dieser Standpunkt bedingt ferner, daß, wenn es wegen der Bedingungen des Arbeitsvertrages oder wegen anderer, das Arbeitsverhältnis betreffenden Fragen zu Meinungsverschiedenheiten oder zum Streit zwischen den Arbeitern und dem Arbeitgeber kommt, die Differenz zwischen den beiden beteiligten Parteien unter sich zum Austrag gebracht werden muß.

IV. Von diesen Gesichtspunkten bedauert der Centralverband die Haltung, die von der Königl. Staatsregierung bei dem letzten großen Ausstand der Kohlenarbeiter im Ruhrrevier eingenommen worden ist. Er bedauert lebhaft, daß die Königl. Staatsregierung durch die Einbringung der Novelle zum Berggesetz die Absicht verwirklichen will, weiter, als es bisher schon geschehen ist, durch Gesetz in die Feststellung der Bedingungen des Arbeitsvertrags einzugreifen.

V. Insbesondere hält sich der Centralverband für verpflichtet, Einspruch gegen die Absicht der Königl. Staatsregierung zu erheben, einen, dem Sinne des § 120e der Reichs-Gewerbe-Ordnung nicht entsprechenden sanitären Maximalarbeitstag für erwachsene Arbeiter zu konstruieren. Damit würde der sozialdemokratischen, von den Verbündeten Regierungen bisher bekämpften, auf die Einführung eines allgemeinen Maximalarbeitstages für erwachsene Arbeiter gerichteten Forderung Vorschub geleistet und eine schwere Gefährdung unseres Wirtschaftslebens näher gerückt werden.

VI. Einspruch muß der Centralverband ferner erheben gegen die obligatorische Einführung von Arbeiterausschüssen in den Bergbaubetrieben; diese Maßregel würde nicht auf den Bergbau beschränkt werden können, sie würde vielmehr über kurz oder lang auf alle industriellen Betriebe ausgedehnt werden müssen.

Der Centralverband nimmt nicht gegen die Arbeiterausschüsse Stellung, soweit sie von den Arbeitgebern, nach Maßgabe ihrer besonderen Verhältnisse, freiwillig eingeführt werden. Die obligatorische Einführung von Arbeiterausschüssen muß der Centralverband aber entschieden zurückweisen, weil, nach den bisher auf ähnlichen Gebieten gemachten Erfahrungen, in ihnen nur die sozialdemokratisch oder sonst organisierten Arbeiter Platz finden und damit tatsächlich die Arbeiterausschüsse Organe der Arbeitervereinigungen werden würden. Die obligatorische Einführung der Arbeiterausschüsse würde die staatliche Organisation der Sozialdemokratie bedeuten.

VII. Stellung zu denjenigen Bestimmungen der verschiedenen von der Königl. Staatsregierung dem Landtage vorgelegten Novellen zum Berggesetz zu nehmen, die mehr eine Beurteilung vom Standpunkte der Bergbautechnik erfordern, insbesondere auch zu den Gesetzvorschlägen betr. die Verhinderung der Stillegung von Zechen hat der Centralverband den ihm als Mitglieder angehörigen Bergbauvereinen überlassen.

Im allgemeinen muß der Centralverband den Eingriff der Königl. Staatsregierung in den Ausstand der Bergarbeiter beklagen, weil er die Arbeiter verhindert hat, die schweren Schädigungen zu erkennen, die ihnen durch die Agitation und Verhetzung wie durch die Vorspiegelungen der Führer der sozialdemokratischen und sonstigen Arbeiterorganisationen bereitet worden sind, weil das Ansehen und die Anziehungskraft der Sozialdemokratie eine Stärkung und Steigerung erfahren hat, wie noch bei keiner anderen Gelegenheit, und weil die Gesamtwirkung der staatlichen Einmischung in der Erhaltung von Unruhe und Unfrieden und damit in Verschlechterung der Arbeiterverhältnisse im Ruhrrevier für unabsehbare Zeit bestehen wird.

B.

Der Centralverband Deutscher Industrieller ist der Ueberzeugung, daß die gesetzliche Festlegung des 10stündigen Maximalarbeitstages für Arbeiterinnen zur Zeit für eine Anzahl Industrien erhebliche Schwierigkeiten, für die Textilindustrie insbesondere auch eine ernste Bedrohung ihrer internationalen Wettbewerbsfähigkeit herbeiführen würde, während er andererseits nicht anzuerkennen vermag, daß die jetzt in den einzelnen Industrien üblichen Arbeitszeiten zu irgendwie wesentlichen Schädigungen der Arbeiterinnen geführt haben.

Im gegenwärtigen Zeitpunkt, wo die Existenzbedingungen weiter Kreise der deutschen Industrie durch die neuen Handelsverträge erheblich schwieriger werden wie bisher, hält der Centralverband Deutscher Industrieller eine neue Belastung der Industrie durch die Gesetzgebung für besonders unangebracht.

Jedenfalls ist die unbedingte Voraussetzung jeder gesetzlichen Verkürzung der Arbeitszeit der Frauen auf 10 Stunden, daß diese gleiche Verkürzung auch in den mit der deutschen Industrie konkurrierenden Staaten, insbesondere in der Schweiz, Italien, Belgien und Oesterreich eingeführt, und daß namentlich auch von diesen Staaten ausreichende Garantien dafür gegeben werden, daß die Durchführung dieser gesetzlichen Vorschriften unter eine ebenso sorgfältige Kontrolle, wie sie in Deutschland besteht, gestellt werde.

C.

„Der Centralverband Deutscher Industrieller betrachtet den Abschluß von Tarifverträgen zwischen den Arbeitgeberorganisationen und den Organisationen der Arbeiter als der deutschen Industrie und ihrer gedeihlichen Fortentwicklung durchaus gefährlich.

Die Tarifverträge nehmen dem einzelnen Arbeitgeber die für die sachgemäße Fortführung jeden Unternehmens notwendige Freiheit der Entschließung über die Verwendung seiner Arbeiter und der Lohnfestsetzung, und sie zwingen die einzelnen Arbeiter unter die Herrschaft der Arbeiterorganisationen.

Die Tarifverträge sind nach der Ueberzeugung des Centralverbandes Deutscher Industrieller, die durch die Erfahrungen in England und Amerika voll bestätigt werden, darüber hinaus schwere Hindernisse des technischen und organisatorischen Fortschritts der deutschen Industrie.

Aus diesen Gründen bedauert der Centralverband Deutscher Industrieller insbesondere auch die Entschließung der Königl. Bayrischen Staatsregierung vom 2. März 1905, die den Abschluß von Tarifverträgen als eine der vornehmsten Aufgaben der Gewerbeaufsichtsbeamten bezeichnet.“

Satzung
des
Centralverbandes Deutscher Industrieller
zur Förderung und Wahrung nationaler Arbeit.

Der am 15ten Februar 1876 gegründete Centralverband Deutscher Industrieller zur Förderung und Wahrung nationaler Arbeit nimmt auf Grund des Beschlusses der Versammlung der Delegierten vom 28. Februar 1899 die gegenwärtigen Satzungen als seine Grundverfassung an.

I. Sitz des Verbandes.

§ 1.

Der Centralverband Deutscher Industrieller hat seinen Sitz in Berlin.

II. Zweck des Verbandes.

§ 2.

Zweck des Verbandes ist die Wahrung der industriellen und wirtschaftlichen Interessen des Vaterlandes und Förderung der nationalen Arbeit.

Der Centralverband sucht diesen Zweck durch alle ihm geeignet erscheinenden Mittel zu erreichen, vorzüglich dadurch, daß er die vereinzelt bestehenden industriellen und wirtschaftlichen Vereinigungen unter sich in Verbindung bringt und denselben zur Vertretung ihrer gemeinsamen Interessen dient.

Zur Erreichung dieser Zwecke wird der Centralverband seine Aufgabe auch vorzüglich darin sehen, den Wünschen und Anträgen seiner Mitglieder in Bezug

1. auf die wirtschaftliche und sozialpolitische Gesetzgebung des Reiches, beziehungsweise der Einzelstaaten;
2. auf den Abschluß günstiger Handels- und Schiffahrts-Verträge;
3. auf die Vervollständigung der Verkehrsmittel, insonderheit der Eisenbahnen und Kanäle, auf die Besserung des Betriebes und die Vereinfachung und günstigere Gestaltung der Tarife;
4. auf die Regelung der Arbeiterverhältnisse;
5. auf das Erschließen neuer Bezugsquellen und Absatzwege;
6. auf die Unterstützung und Einführung für gut erkannter, neuer Erfindungen;
7. auf die Aufklärung der öffentlichen Meinung über die gemeinsamen Interessen der Erzeuger und Verbraucher;
8. auf die Gründung solcher Einrichtungen, welche geeignet erscheinen, die materielle Lage der gesamten deutschen Industrie zu verbessern,

nach Kräften gerecht zu werden.

III. Mitgliedschaft.

§ 3.

Dem Centralverbande Deutscher Industrieller können als unmittelbare Mitglieder beitreten Vereine, die wirtschaftliche, technische und kaufmännische Zwecke verfolgen, Handels- und Gewerbekammern und ähnliche Verbindungen, Berufsgenossenschaften, Erwerbsgesellschaften, Firmen und einzelne Personen (Industrielle und Freunde der Industrie).

Der Eintritt der Vereine 2c. in den Centralverband erfolgt auf schriftliche Anmeldung unter Angabe des Zweckes, des Sitzes, des Namens des Vereins und der Zahl der Mitglieder unter Beifügung der Satzungen. Bei Anmeldung der einzelnen Mitglieder ist die Angabe des Namens, der Firma, des Wohnsitzes, des Umfanges und der Art der Fabrik oder des Geschäftes erforderlich.

Die Aufnahme ist erfolgt, wenn dem Anmeldenden Mitgliedskarte und Satzungen durch die Post oder durch Boten zugesendet worden sind. Der Beitritt verpflichtet mindestens zur Zahlung eines vollen Jahresbeitrages.

Der Austritt aus dem Centralverbande muß schriftlich vor dem 1. Juli des Jahres dem Geschäftsführer des Centralverbandes angezeigt werden. Geschieht dies nicht, so ist der Austritt für das mit dem

1. Januar beginnende neue Jahr nicht erfolgt und das betreffende Mitglied hat für dasselbe die Verpflichtung, welche es bei Eintritt in den Verband übernommen, zu erfüllen.

Die Vereine, Verbindungen ꝛc., welche dem Centralverbande beitreten, sind in ihren Einrichtungen, Wahl ihres Vorstandes und Feststellung ihrer Satzungen, nicht beschränkt, — nur dürfen die Satzungen nichts enthalten, was den Zwecken des Centralverbandes zuwiderläuft.

Sämtliche Mitglieder der dem Centralverbande angehörenden Vereine, Verbände ꝛc., soweit sie nicht für sich dem Centralverbande als unmittelbare Mitglieder beigetreten, sind mittelbare Mitglieder des Centralverbandes.

IV. Beiträge der Mitglieder.

§ 4.

Die Mittel, deren der Centralverband Deutscher Industrieller behufs Verfolgung seiner Zwecke bedarf, werden durch Beiträge aufgebracht, die von den Mitgliedern nach Selbsteinschätzung geleistet werden, jedoch nicht weniger als 30 Mk. im einzelnen Falle betragen dürfen.

V. Organe des Verbandes.

§ 5.

Die Organe des Centralverbandes sind die Versammlung der Delegierten, der Ausschuß und das Direktorium.

VI. Versammlung der Delegierten.

§ 6.

Die unmittelbaren Mitglieder üben ihr Stimmrecht durch Delegierte aus. Jedes unmittelbare Mitglied ernennt bei seinem Eintritt in den Verband Delegierte in der ihm gemäß § 7 zustehenden Zahl, deren Auftrag in Kraft bleibt, so lange eine gegenteilige Anzeige bei dem Direktorium nicht gemacht wird. Mitglieder, die weniger als 100 Mk. Beitrag zahlen, ernennen ihre Delegierten nach den Bestimmungen des § 7. Jedem Delegierten steht in der Versammlung der Delegierten eine Stimme zu.

§ 7.

Die Zahl der Delegierten, welche die Mitglieder zu stellen berechtigt sind, wird bemessen nach der Höhe des gezahlten Beitrags gemäß nachstehender Abstufung:

100—299 Mk. Beitrag = 1 Delegierter,
300—599 „ „ = 2 Delegierte,
600 Mk. und darüber für jede 300 Mk. mehr ein weiterer Delegierter.

Mitglieder, welche weniger als 100 Mark Beitrag zahlen, können sich nach freiem Ermessen zu Gruppen vereinigen und nach Maßgabe des von einer solchen Gruppe geleisteten Gesamtbeitrags und der vorstehenden Abstufung aus der Mitte der Vereinigten ihre Delegierten entweder ein für allemal, oder besonders vor jeder Delegierten-Versammlung dem Direktorium bezeichnen.

§ 8.

Die Versammlung der Delegierten ist durch das Direktorium mindestens einmal jährlich einzuberufen. Die Einladung muß außer in den dringendsten Fällen 3 Wochen vor Abhaltung der Versammlung unter Angabe der Tagesordnung erfolgen. Auf Antrag von einem Zehntel sämtlicher Delegierten oder von mindestens 5 Vereinen, ist eine außerordentliche Versammlung anzuberaumen. Über Gegenstände, die nicht auf der Tagesordnung stehen, dürfen Beschlüsse nicht gefaßt werden. Hiervon ist der Beschluß über den in einer Delegiertenversammlung gestellten Antrag auf Berufung einer außerordentlichen Delegiertenversammlung ausgenommen.

Zur Teilnahme an den Versammlungen der Delegierten sind sämtliche unmittelbaren und mittelbaren Mitglieder berechtigt. Von den unmittelbaren Mitgliedern wird das Stimmrecht den Bestimmungen der §§ 6, 7 und 9 gemäß geübt. Mittelbare Mitglieder haben das Recht, sich an den Verhandlungen zu beteiligen und Anträge zu stellen.

§ 9.

Jede in einer vorschriftsmäßig einberufenen Versammlung anwesende Anzahl der Delegierten ist beschlußfähig. In der Versammlung der Delegierten werden Beschlüsse, mit Ausnahme der Fälle, für welche diese Satzungen etwas anderes bestimmen, mit einfacher Stimmenmehrheit gefaßt; bei Stimmengleichheit entscheidet die Stimme des Vorsitzenden.

In der Versammlung kann je ein Delegierter deren 10 aus seinem Verein bezw. seiner Gruppe (§ 7) vertreten, und genügt hierbei einfache schriftliche Vollmacht.

Die Delegierten neu in den Verband eintretender Mitglieder dürfen ihr Stimmrecht in der Delegiertenversammlung erst 6 Monate nach dem Eintritt, vom Tage der schriftlichen Beitrittserklärung ab gerechnet, ausüben.

Die Wahlen werden in der Regel mittels Stimmzettel vollzogen; eine andere Abstimmungsweise ist jedoch zulässig, wenn sich von keiner Seite ein Widerspruch erhebt.

§ 10.

Den Vorsitz in der Versammlung der Delegierten führt der Vorsitzende des Direktoriums oder einer seiner Stellvertreter, bezw. ein anderes Mitglied des Direktoriums.

§ 11.

Die Protokolle der Versammlungen der Delegierten werden vollzogen durch die Unterschrift des Vorsitzenden und zweier von ihm zu bestimmenden Mitglieder der Versammlung.

VII. Der Ausschuß.

§ 12.

Der Ausschuß besteht aus 30 Mitgliedern, welche nebst einem Ersatzmann für jedes der Mitglieder von der Versammlung der Delegierten mit relativer Mehrheit auf 3 Jahre gewählt werden; derselbe kann sich durch Kooptation hervorragender Kräfte auf den Gebieten der Volkswirtschaft und Technik ergänzen; sie haben Sitz und Stimme bei den Versammlungen.

§ 13.

Der Ausschuß wird je nach Bedarf vom Direktorium zu Sitzungen einberufen; außerdem muß die Einberufung erfolgen, wenn sie von 6 Mitgliedern beantragt wird. Der Vorsitzende erläßt, dringende Fälle ausgenommen, hierzu 14 Tage vorher die Einladungen unter Angabe des Zweckes und des Ortes der Sitzung.

§ 14.

Der Ausschuß setzt den vom Direktorium vorzulegenden Voranschlag für die Einnahmen und Ausgaben des nächsten Geschäftsjahres fest und wählt von Jahr zu Jahr eine aus drei Personen bestehende Prüfungs-Kommission, welche die vom Direktorium gelegte Jahresrechnung prüft und rechtsverbindlich für den Verband die Entlastung erteilt.

§ 15.

Der Ausschuß ist beschlußfähig, wenn ein Vorsitzender — § 10 — und mindestens noch der fünfte Teil der sämtlichen Mitglieder des Ausschusses — der gewählten wie der kooptierten — anwesend ist.

Beschlüsse werden in den Sitzungen des Ausschusses mit einfacher Stimmenmehrheit gefaßt; bei Stimmengleichheit entscheidet die Stimme des Vorsitzenden.

VIII. Das Direktorium.

§ 16.

Das Direktorium hat seinen Sitz in Berlin; in dasselbe werden von der Versammlung der Delegierten mit absoluter Mehrheit auf 3 Jahre bis zu 12 Mitglieder gewählt, welche aus ihrer Mitte den Vorsitzenden des Direktoriums und zwei Stellvertreter desselben wählen.

§ 17.

Das Direktorium hat die nötigen Maßregeln anzuordnen:

1. um die Zwecke des Centralverbandes zu fördern;
2. die Ausschußsitzungen und Versammlungen der Delegierten zu berufen und zu leiten;
3. dem Ausschuße die Anträge der einzelnen Vereine bezw. Einzelmitglieder, welche auf Förderung der Centralverbandszwecke hinzielen, zu unterbreiten. Über dringende Fälle kann das Direktorium schriftliche Abstimmung vom Ausschuß einholen. Dem Direktorium bleibt es überlassen, sofern es dies für notwendig erachtet, eine Hauptversammlung aller unmittelbaren und mittelbaren Mitglieder des Centralverbandes zu berufen;
4. einen jährlichen Voranschlag zu entwerfen und dem Ausschusse vorzulegen, und über die Verwendung der Geldmittel des Verbandes nach Maßgabe des Voranschlages Bestimmung zu treffen.

IX. Geschäftsführung und Beamte des Verbandes.

§ 18.

Das Direktorium stellt in Übereinstimmung mit dem Ausschuß den Geschäftsführer an. Die übrigen Beamten werden vom Direktorium angestellt. Sämtliche Beamte werden besoldet. Die Pflichten dieser Beamten werden nach einer allgemeinen, vom Ausschusse zu genehmigenden Dienstanweisung durch besondere Verträge festgestellt.

Der Geschäftsführer ist berechtigt und verpflichtet, allen Versammlungen mit beratender Stimme beizuwohnen.

X. Verbandskasse.

§ 19.

Die Beiträge werden an die Centralverbands-Kasse abgeliefert. — Alle Anweisungen und Entnahmen aus dieser Kasse bedürfen der Unterschrift des Vorsitzenden oder eines der Stellvertreter und des Geschäftsführers.

Jährlich findet eine Kassenprüfung durch 3 Mitglieder (§ 14) des Ausschusses statt.

XI. Änderungen der Satzungen.

§ 20.

Veränderungen der Satzungen können nur von einer Zwei-Drittel-Mehrheit in der Delegierten-Versammlung beschlossen werden.

XII. Auflösung des Verbandes.

§ 21.

Die Auflösung des Verbandes kann nur durch eine zu diesem Zwecke berufene Delegierten-Versammlung mit drei Viertel der anwesenden Stimmen beschlossen werden.

In dieser Versammlung wird gleichzeitig mit drei Viertel der anwesenden Stimmen über die Verwendung des Verbandsvermögens Beschluß gefaßt.

Kommt ein Beschluß über die Verwendung des Verbandsvermögens mit Drei-Viertel-Mehrheit nicht zustande, so ist innerhalb 4 Wochen eine neue Versammlung der Delegierten zu berufen, welche über die Verwendung des Vermögens mit einfacher Stimmenmehrheit entscheidet; bei Stimmengleichheit gibt der Vorsitzende den Ausschlag.

Direktorium und Ausschuß des Centralverbandes Deutscher Industrieller

nach den Neuwahlen und Ergänzungen vom 5. Mai 1905.

Direktorium.

Vopelius, R., Hüttenbesitzer, Mitglied des Herrenhauses, Vorsitzender des Verbandes der Glasindustriellen Deutschlands und der Glas-Berufsgenossenschaft, Vorsitzender, Sulzbach bei Saarbrücken.

Kirdorf, E., Geh. Kommerzienrat, Generaldirektor der Gelsenkirchener Bergwerks-Aktiengesellschaft, Erster stellvertretender Vorsitzender, Rheinelbe bei Gelsenkirchen.

Koenig, G., Geh. Regierungsrat, Vorsitzender des Direktoriums des Vereins der Deutschen Zucker-Industrie, Zweiter stellvertretender Vorsitzender, Berlin W., Kleiststr. 32.

Jencke, H., Dr. ing. h. c., Geh. Finanzrat a. D., Mitglied des Preußischen Staatsrats und der Sächsischen Ersten Kammer, Dresden, Parkstr. 8.

Rieppel, A., Dr. ing. h. c., Baurat, Direktor der „Vereinigten Maschinenfabrik Augsburg und Maschinenbaugesellschaft Nürnberg", Nürnberg, Aeußere Cramer-Klettstr. 12.

Vorster, Jul., Kommerzienrat, M. d. H. d. A., Vorsitzender des Vereins der Industriellen des Regierungsbezirks Köln, Köln.

Schlumberger, Th., Geh. Kommerzienrat, M. d. R., Vorsitzender des Elsässischen Industriellen-Syndikats, Mülhausen i. Els.

Semlinger, H., Kommerzienrat, Direktor der Mechanischen Baumwollspinnerei und Weberei Bamberg, Bamberg.

Hilger, Geh. Bergrat a. D., Generaldirektor der Vereinigten Königs- und Laurahütte, Charlottenburg, Goethestr. 1.

Roetger, Landrat a. D., Vorsitzender des Direktoriums der Firma Fried. Krupp Aktiengesellschaft, Essen (Ruhr).

Stahl, Kommerzienrat, Dr. ing. h. c., Generaldirektor der Stettiner Maschinenbau-Akt.-Ges. „Vulcan", Stettin-Bredow.

Vogel, Geh. Kommerzienrat, Chemnitz.

Ausschuß.

Mitglieder.	Stellvertreter.
Böcking, Rud., Geh. Kommerzienrat, Brebach.	Röchling, Louis, Hüttenbesitzer, Völklingen a. Saar.
Böddinghaus, Wilh., Geh. Kommerzienrat, Elberfeld.	Langen, C. O., jr., Fabrikbesitzer, M.-Gladbach.
Brauns, H., Kommerzienrat, Dortmund.	Lehmann, Dr., Handelskammer-Syndikus, Geschäftsführer des Vereins Deutscher Tuch- und Wollwarenfabrikanten und des Vereins für die berg- und hüttenmännischen Interessen im Aachener Bezirk, Aachen.
Buderus, Hugo, Geh. Kommerzienrat, Hirzenhain.	Stumpf, F., Generalsekretär des Georgs-Marien-Bergwerks- und Hütten-Vereins, Syndikus der Handelskammer zu Osnabrück, Osnabrück.
Delius, Karl, Geh. Kommerzienrat, Aachen.	Delden, Gerit van, Kommerzienrat, Gronau i. W.
Frey, Max, Geh. Kommerzienrat, Mülhausen i. E.	Mieg, Daniel, Fabrikant, Mülhausen i. E.
Gärtner, R., Generaldirektor, Freiburg i. Schl.	Websky, Ernst, Fabrikbesitzer, Tannhausen.
Goldschmidt, Dr. Carl, Essen.	Curtius, Richard, Duisburg.
Groß, F., Kommerzienrat, Augsburg.	Hummel, Friedr., Generaldirektor, Ettlingen.
Haarmann, A., Dr.-Ing., Geh. Kommerzienrat, Osnabrück.	Baare, Fritz, Kommerzienrat, Bochum.
Kauffmann, Dr. Georg, Wüstegiersdorf.	Dierig, Friedr., Kommerzienrat, Oberlangenbielau.
Köchlin, Ed., Weiler b. Thann i. E.	Burghardt, Gebweiler.
Koegel, Direktor, München.	Görtz, Ed., Kommerzienrat, Mülfort bei Odenkirchen.
Krabler, E., Geh. Bergrat, Altenessen.	Caro, Kommerzienrat, Gleiwitz.
Kraushaar, Dr., Generaldirektor, Hannover.	Heintze, G., Direktor, Döhren bei Hannover.
Linke, Paul, Domänenrat, Slawentzitz.	. .

Lueg, C., Dr.-Ing., Geh. Kommerzienrat, Düsseldorf.

Lueg, H., Geheimer Kommerzienrat, Düsseldorf.

Meyer, Ed., Fabrikbesitzer, Aachen.

Meyer, Gerh. L., Geh. Kommerzienrat, Hannover.

Müser, Generaldirektor, Dortmund.

Niethammer, Albert, Geh. Kommerzienrat, Kriebstein.

Rickel, Ferd., Direktor, Harburg.

Williger, Generaldirektor, Kattowitz.

Sartorius, Franz, Direktor, Bielefeld.

Servaes, Geh. Kommerzienrat, Düsseldorf.

Stark, Emil, Direktor, Chemnitz.

Walter, W., Direktor, Hannover-Linden.

Weißdorf, Generaldirektor, Burbacher Hütte.

Winkler, Paul, Kommerzienrat, Fürth.

Ziegler, Direktor, Oberhausen.

Schroedter, E., Dr.-Ing., Ingenieur, Geschäftsführer des Vereins Deutscher Eisenhüttenleute und des Vereins Deutscher Maschinenbauanstalten, Düsseldorf.

Neubarth, Eug., Fabrikbes., Forst.

Jüngst, Geh. Bergrat, Berlin.

Graßmann, Bergrat, Essen.

Krauß, Jos., Kommerzienrat, Pfullingen.

Herbst, Kommerzienrat, Triebes.

Voltz, Dr., M. d. A., Generalsekretär des Oberschlesischen Berg- und Hüttenmännischen Vereins, Kattowitz.

Möhlau, Ad., Kommerzienrat, Düsseldorf.

Kamp, Generaldirektor, Laar bei Ruhrort.

Schmid, Th. W., Direktor, Hof.

Wandel, Rechtsanwalt, Essen, Ruhr.

Müllensiefen, Th., Kommerzienrat, Crengeldanz.

Zugewählte Mitglieder.

Beumer, Dr. W., M. d. R. u. d. A., Generalsekretär des Vereins zur Wahrung der gemeinsamen wirtschaftlichen Interessen in Rheinland und Westfalen und der Nordwestlichen Gruppe des Vereins Deutscher Eisen- und Stahl-Industrieller, Düsseldorf.

Blohm, Herm., Hamburg.

Böker, M., Kommerzienrat, Vorsitzender des Bergischen Fabrikantenvereins, Remscheid.

Borsig, Ernst, Kommerzienrat, Berlin.

Buz, Hch., Kommerzienrat, Direktor der Vereinigten Maschinenfabrik Augsburg und Maschinenbaugesellschaft Nürnberg, Augsburg.

Claus, Hubert, Kommerzienrat, Berlin.

Clouth, Franz, Fabrikbesitzer, Köln-Nippes.

Coste, D., Kommerzienrat, Biere.

Dietel, Franz, Geh. Kommerzienrat, Coßmannsdorf.

Dietrich, Dr., Handelskammer-Syndikus, Plauen.

Ditges, Generalsekretär des Vereins Deutscher Papierfabrikanten und des Vereins Deutscher Schiffswerften, Berlin.

Dittmar, G., Direktor, Geschäftsführer des Mittelrheinischen Fabrikantenvereins und der Süddeutschen Gruppe des Vereins Deutscher Eisen- und Stahl-Industrieller sowie Sekretär der Handelskammer Mainz, Mainz.

Dulon, M., Kommerzienrat, Magdeburg.

Engel, Bergmeister, Geschäftsführer des Vereins für die bergbaulichen Interessen im Oberbergamtsbezirk Dortmund, Essen (Ruhr).

Evers, Ziegeleibesitzer, Vorsitzender des Verbandes Deutscher Tonindustrieller, Berlin.

Fiebelkorn, Dr., Geschäftsführer des Verbandes Deutscher Tonindustrieller, Berlin.

Funcke, Wilh., Kommerzienrat, Hagen i. W.

Fuchs, H., Direktor der Norddeutschen Wagenbau-Vereinigung, Charlottenburg.

Gräßner, Bergwerksdirektor a. D., Leopoldshall-Staßfurt.

von Guilleaume, Th., Kommerzienrat, Köln.

Haeffner, Ad., Fabrikbesitzer, Frankfurt a. M.

Hartmann, Gust., Geh. Kommerzienrat, Dresden.

Heckmann, Paul, Kommerzienrat, Berlin.

Hegenscheidt, Kommerzienrat, Generaldirektor der Oberschl. Eisenbahnbedarfs-Aktien-Ges., Friedenshütte bei Morgenroth.

Heller, Ernst, Direktor der Hannoverschen Maschinenbau-Akt.-Ges. vormals Georg Egestorff, Linden-Hannover.

Fürst Guido Henckel von Donnersmarck, Neudeck.

Henneberg, Ernst, Fabrikbesitzer, Freienwalde a. O.

Hirsch, M. d. A., Syndikus der Handelskammer Essen, Essen (Ruhr).

Hoeter, Ministerialdirektor a. D., Berlin.

Hurler, Direktor der Lokomotivfabrik Krauß & Cie., A. G., München.

Jordan, Dr. H., Bankdirektor, Elberfeld.

Kirdorf, A., Geh. Kommerzienrat, Rothe Erde bei Aachen.

Körting, Berth., Kommerzienrat, Hannover.

Krause, Max, Baurat, Berlin.

Krüger, Generalleutnant z. D., Exz., Geschäftsführer des Vereins der Fabrikanten landwirtschaftlicher Maschinen und Geräte, Leipzig.

Langen, Gottlieb, Köln.

Leipoldt, Geheimer Finanzrat, Generaldirektor der Akt.-Ges. für Bergbau, Blei- und Zinkfabrikation, Aachen.

Mann, L., Handelsrichter, Vorsitzender des Vereins Deutscher Lackfabrikanten, Berlin.

March, Fabrikbesitzer, Vorsitzender des Deutschen Vereins für Ton-, Cement- und Kalkindustrie, Charlottenburg.

Martens, Dr., Syndikus der Handelskammer Dortmund, Dortmund.

Marwitz, Kommerzienrat, Vorsitzender des Vereins der Baumwollgarnkonsumenten, Dresden.

Menck, J. A., M. d. A., Fabrikbesitzer, Altona.

Neidhardt, Präsident der Handelskammer Plauen, Plauen i. V.

Offermann, Geh. Kommerzienrat, Leipzig.

Protzen, Kommerzienrat, Berlin.

Rentzsch, Dr. H., Blasewitz bei Dresden.

Schaltenbrand, Direktor des Stahlwerksverband., Düsseldorf.

Scherenberg, Ernst, Syndikus, Geschäftsführer d. Vereins Deutscher Eisengießereien, Elberfeld.

Schiersand, Generaldirektor der Sächs. Maschinenfabrik vorm. Rich. Hartmann, Vorsitzender der Mitteldeutschen Gruppe des Vereins Deutscher Eisen- und Stahlindustrieller, Chemnitz.

Schieß, Ernst, Geh. Kommerzienrat, Düsseldorf.

Schimpf, Direktor, Berlin.

Schott, F., Direktor, Heidelberg.

Selve, Geheimer Kommerzienrat, Altena i. W.

Seyffardt, Heinrich, Kommerzienrat, Krefeld.

Skene, Karl, Kommerzienrat, Klettendorf.

Stahl, H. J., Dr.-Ing., Kommerzienrat, Stettin.

Steller, Paul, Generalsekretär des Vereins der Industriellen des Regierungsbezirks Köln und des Vereins Deutscher Werkzeugmaschinenfabriken, Köln.

Tille, Dr. Alexander, Syndikus d. Handelskammer Saarbrücken, Generalsekretär des Vereins zur Wahrung der gemeinsamen wirtschaftlichen Interessen der Saarindustrie und der Südwestlichen Gruppe des Vereins Deutscher Eisen- und Stahlindustrieller, St. Johann a. d. Saar.

Vogel, Hermann, Geh. Kommerzienrat, Chemnitz.

Weinlig, Generaldirektor, Dillingen.

Weismüller, E., Kommerzienrat, stellvertr. Vorsitzender der Süddeutschen Gruppe des Vereins Deutscher Eisen- und Stahlindustrieller, Frankfurt a. M.-Bockenheim.

Wenzel, Kommerzienrat, Direktor der Kammgarnspinnerei zu Leipzig, Leipzig.

Werminghoff, J., Generaldirektor, Berlin.

Wessel, C., Geh. Kommerzienrat, Bernburg.

van den Wyngaert, J., Vorsitzender des Verbandes Deutscher Müller, Berlin.

Zörner, Bergrat, Generaldirektor der Maschinenbauanstalt Humboldt, Kalk.

Zschille, Georg Herm., Großenhain.

van der Zypen, Jul., Geh. Kommerzienrat, Köln.

Inhaltsverzeichnis

zu den

„Verhandlungen, Mitteilungen und Berichten" des Centralverbandes Deutscher Industrieller.

Heft 1 bis 100 (1876–1905).

Druck: Deutscher Verlag (Ges. m. b. H.), Berlin SW. 11. 31/31

FSC
www.fsc.org
MIX
Papier | Fördert gute Waldnutzung
FSC® C083411

Kolibri 360 GmbH
Ferdinand-Jühlke-Straße 7
99095 Erfurt, Deutschland
produktsicherheit@kolibri360.de